ちくま新書

功利主義入門
――はじめての倫理学

児玉 聡
Kodama Satoshi

967

功利主義入門

——はじめての倫理学

【目次】

はじめに

たいていの道徳家は、生徒たちは学校で「価値観を教えこまれる」べきだと考えているが、倫理について考えられるよう人々を教育する主眼は、ある党派的な諸原則を彼らに押し付けるというのではなく、彼らの批判的な思考能力を高め、彼らが自分で思考できるようにすることにある。——A・C・グレイリング

たいていの人は、倫理を、あれこれのことをするなと命じる規則の体系のことだと思っていて、私たちがいかに生きるべきかを考える基礎とはみなしていない。（……）倫理的な反省をする生き方とは、すべきことやすべきでないことを規定する一連の規則を遵守《じゅんしゅ》することではない。倫理的に生きるとは、自分がどう生きているかを一定の仕方で反省することであり、反省して得られた結論に従って行動しようと努めること

である。——ピーター・シンガー

†倫理を学ぶ二つの仕方

この本は、功利主義という倫理学の一理論についての入門書である。また、倫理学全般についての入門書でもある。まず、本書の性格を説明するために、「倫理を学ぶ」とはどういうことなのかについて、簡単に述べておこう。

倫理には、二つの学び方がある。一つは、「嘘をついてはいけない」「約束をしたら守らないといけない」「人に暴力を振るってはならない」といった、社会の中で生きていくうえでわれわれが守るべきルールについて学び、実践できるようになることだ。これは、この本を手にする多くの人にとっては、すでに小さなころから親や先生たちに教わってきたことだろう。「道徳教育」は、この意味で用いられることが多い。

もう一つは、今まで教わったルールについて、疑問を発し、自分なりの答えを出せるようになることだ。たとえば、「嘘をついてはいけない」というルールについて、「なぜ嘘をついてはいけないのか?」とか、「どんなときでも絶対に嘘をついてはいけないのか、あるいは嘘をついてもいいときはあるのか？　それはどんな場合か？」と問いを立てて、この問いに自分なりの仕方で答えられるようになることだ。このように、自分がこれまでに身につけてきた考え方について、改めてその根拠を考えたり、その正確な意味を問うたりすることを「批判的思考」と呼ぶ。すると、われわれの倫理観について批判的思考をすることが、「倫理学」あるいは「道徳哲学」と呼ばれる学問の主題だと言える。

古代ギリシアの哲学者ソクラテスは、このような批判的思考による吟味を経ていない人生は、生きるに値しないと言った。これはちょっと極端な発言かもしれない。しかし、人から教わったルールに従うことを学ぶだけなら、犬にだってできる。冒頭の引用にもあるように、われわれが人としてよく生きるためには、道徳教育によって社会のルールを身に付けるだけでは不十分で、誰しも一度は自分の生き方を批判的思考に晒《さら》してみるべきではないだろうか。本書は読者がこのような批判的思考を身に付けることを手助けするために書かれた本である。

本書は、倫理学という学問を知らなくても読めるようになっている。ただし、読者は倫理についてある程度の経験的知識を持っていることが求められる。ここで言う経験的知識とは、単に「嘘をついてはならない」ことをルールとして知っているだけでなく、「嘘をつこうかと思ったが、そうしてはいけないと思ってやめたことがある」というような実際の経験があることを指す。このような経験がなければ、せっかく倫理学を学んでも、それを自分の生き方にどう反映させたらよいかわからないだろう。

倫理学は、単に理論を学んで終わりというものではなく、その理論を実践に活かせなければ意味がない。本書は倫理について批判的に考え、その結論に応じて生き方を変える覚悟のある人のための入門書である。

なお、本書では「倫理」と「道徳」という言葉が出てくるが、両者は同じ意味で用いられている。

†「批判的に考える」の意味

ところで、さきほどから用いられている「批判的」という言葉が引っかかるという読者もいるかもしれない。そういう人の中には、他人の意見を批判することは、他人に暴力を振るうのと同じで、やってはいけないことだと考えている人や、自分の意見を批判されて傷ついたという経験を持つ人もいるだろう。この点については、二つ指摘しておきたい。

まず、少なくとも学問の世界においては、他人の意見を批判することが許されている、ということだ。いや、許されているというよりも、奨励されていると言ってよい。柔道や剣道の道場では、相手の胸ぐらをつかんで投げたり、竹刀で頭を殴ったりすることが認められている。強くなるにはそのような訓練が必要なのだ。それと同じで、倫理学を学ぶ場においても、教師を含めて他人の意見を批判することが認められている。自由な批判は、自分の修練のためだけでなく、学問の発展にとっても不可欠だからだ。そこで、倫理学を学ぶときには、自分が道場にいるものと思って批判的思考を身に付ける訓練をすることが大切だ。

もちろん、武道に一定のルールがあり反則が定められているのと同様に、倫理学にも他人の意見を批判する際に使ってはいけない反則技がある。たとえば「そういう非倫理的な意見を持っているあなたは最低ですね」などと相手の人格を攻撃することは反則だ。倫理学の仕事は、ある意見が非倫理的と見えるなら、その理由を明らかにすることだからだ。相手の間違った意見を正そうとするのではなく、間違った意見を持っていることについて相手を馬鹿にするのは、場外乱闘を仕掛けるのに等しい行為だと言える。

また、道場を一歩出た場合にも、注意が必要である。日常の会話において親や友人の意見を批判するのは、道を歩いている人にいきなり大外刈《おおそとが》りをかけて倒すのと同様、他人にとっても自分にとっても危険なことだ。実際、そのようなことをしてひどい目にあったのがソクラテスである。彼は批判的思考を自在に操り、政治家や雄弁家などの著名人たちを議論でこてんぱんにやっつけたために彼らの怒りを買い、その結果、死刑になった。批判する能力は、一種の知的な武器なので、時と場所、それと相手を選んで用いないと危険である。

もう一つ指摘しておきたいのは、「倫理を批判的に考える」ことは、必ずしも「倫理に従わない」ことではない、ということだ。倫理学では「嘘をつくことはなぜダメなのか」「人を殺すことはなぜダメなのか」といった問いについて考えることがある。だがそれは、必ずしも嘘をつくことを勧めたり、人殺しを容認したりすることを意味しない。批判的に考えることの主たる目的は、そうしたルールの根拠を確認することにあるからだ。そうすることでわれわれは、「みんなが従っているルールだからなんとなく従う」のではなく、より確信を持ってそれらのルールに従ったり他人に教えたりすることができるようになるだろう。

このあたりの事情は、映画や文学の「批評」と似ている。映画を批評するとは、すべての映画をぼろくそにけなすことではない。批評をすることによって、「この映画はなんとなく良い」ではなく、「この映画のどこが優れていて、どこがそうでないのか」を言うことができるようになる。「批評」も「批判」も英語で言えば同じクリティシズムである。
ただ、映画にも良い映画とそうでないものがあるのと同様、われわれが小さいころから学んできたルールの中にも、もっともな理由があるものと、そうでないものがありうる。たとえば「女の子は女の子らしくしなければならない」というルールを教わって育ってきた読者もいるかもしれない。ひょっとするとそういう人にとっては、このルールは当たり前すぎて、疑問の余地がないと思われるかもしれない。しかし、女の子が男の子らしく振る舞うことは、なぜダメなのだろうか？　また、「女の子らしくする」とは、正確にはどういう意味なのだろうか？　われわれは、今あるルールになんとなく従うだけでは、ひょっとすると間違ったことをしてしまう可能性がある。この点については、オーストラリアの哲学者であるピーター・シンガーの次の一節を引用するのがよいだろう。

祖父たちの持っていた偏見を批判するのは我々にとって容易なことである。そうした偏見からは我々の父親自身が自由になっているのである。これよりもずっと困難なのは、我々自身の見解から距離をおいて、我々の持っている信念と価値の内に潜んでいる偏見を感情に囚われることなく捜し出せるようになることである。

つまり、批判的に考えることの意義は、これまで学んできたルールを評価し、十分に根拠のあるルールとそうでないものとをふるい分けることにある。それによって、われわれは、根拠のあるルールに従って生きられるようになるのだ。

†功利主義から倫理学を学ぶ

本書は倫理学の入門書だと上で述べたが、そもそも倫理学はどのように学ぶとよいのだろうか。もう一度、武道の比喩を用いてみよう。多くの人は、倫理学など不要で、倫理は自己流でよいと思っているふしがある。だが、経験さえあれば誰でも倫理についてきちんとした思考ができるわけではない。倫理学にも武道でいう「型」のようなものがあり、まずそれを学ぶのがよいというのが筆者の考えだ。

空手や剣道には何々流というのがある。将棋には定跡、囲碁にも定石がある。それと同様に、倫理学にもいくつかの理論がある。たとえば、功利主義、義務論、徳倫理などである。これらのうち、どれが一番優れているとはすぐには言えない。しかし、だからといって我流の方が良いわけでもない。一人前に批判的思考ができるようになるためには、一通りの型、思考法を身につける必要がある。自分のオリジナリティは、一通り型を学んだ後にできてくるものだ。

また、いくつかある倫理学の理論をよく理解するには、それぞれの理論を教科書的に一通り学ぶよりも、一つの理論に「入門」したつもりで、集中的に学ぶのが全体を見通すための早道だと思う。そこで、どの理論から学ぶかが問題になるが、筆者がお勧めするのは功利主義だ。功利主義は、他の理論と比べて初心者でも比較的理解しやすい。また、功利主義に対する批判を検討することで、それとは異なる考え方を理解することも容易になる。

そこで本書は、功利主義という理論に「入門」することで、倫理学を学んでもらおう、という体裁をとっている。

とりあえずこの本を一冊読めば、功利主義についてはだいたいわかるように書いたつもりだ。そして本書で身に付けたことは、倫理についてさらに学ぶさいの手引ともなるはずだ。

第1章 倫理と倫理学についての素朴な疑問

†倫理についての誤解

すでに述べたように、倫理には、二種類の学び方がある。一つは、道徳教育がそうであるように、「嘘をついてはいけない」などの、すでに社会にあるルールを学んで、それに従って行為できるようになることだ。もう一つは、倫理学あるいは道徳哲学がそうであるように、「なぜ嘘をついてはいけないのか」という問いを考え、社会に流通しているルールを批判的に検討できるようになることだ。本書は主に二つ目の、倫理に対する批判的思考について、功利主義から出発して論じるつもりである。

しかし、倫理や倫理学については一般にいろいろ誤解されていることがある。そうした誤解は本書の理解の妨《さまた》げになると思われるため、読者が抱くかもしれない素朴な疑問について先に答えておきたい。

†倫理は相対的か

世の中には「他人の倫理観についてはとやかく批判すべきでない」と考える人がいる。今日の日本ではいろいろな場面でこのルールが暗黙の了解として成立しているようだ。

たしかにこれは、日常的には重要なルールである。日常生活の中で「絶対に嘘をついたらダメって、おかしい考え方じゃないですか」とか、「不倫が間違ってるって、その主張自体、間違ってるんじゃないですか」などと言うと、相手が哲学者でないかぎり、変人と思われ相手にされないか、相手を怒らせてしまうことになるだろう。すでに述べたように、こういう話をする場合は、時と状況と相手をわきまえる必要がある。

問題は、「他人の倫理観についてはとやかく批判すべきでない」というルールの根拠として、「だって、倫理に正しい答えはないんだから」と主張される場合だ。たとえば元ライブドア社長の堀江貴文（ホリエモン）は、「投資家にとって邪道かどうかは関係ない。ずるいと言われても合法だったら許される。倫理観は時代で変わるから、ルール以外に（よりどころは）ない」と言ったという（「産経新聞」二〇〇五年三月一日付）。

倫理は時代や地域によって異なり、絶対的に正しい答えなどない――このような考え方は「倫理的相対主義」と呼ばれる。倫理的相対主義は、価値観が多様化した今日の社会において、多くの人が知らず知らずのうちに支持している立場である。だが、倫理は本当に時代で変わるのだろうか？　また、倫理に正しい答えはないというのは本当なのだろうか？　これは非常に大きな問題で、本書で十分に扱うことはできないが、ここでは簡単に三点だけ指摘しておきたい。

一つに、一見して相対的に見えるルールであっても、よく考えればより深い共通のルールがその基礎にあると理解できることがある。ささいな例だが、食事のときに音を立ててよい文化とそうでない文化がある。このことを知った人は、「ルールは相対的だ」と考えるかもしれない。しかし、どちらのルールも、「食べるさいには周りの人を嫌な気分にさせるべきでない」というルールに基づくものと理解すれば、表面的には異なるように見えても、根っこの部分では共通していることになる。また、「一昔前はたばこを吸うことはどこでも許されていたが、現在は許されない。したがって、倫理は相対的だ」と言われることもある。しかしこれも、たばこの害悪についての科学的知見が変化したための変更であり、「他人の健康に影響を与えることは差し控えるべきだ」という根本的なルールは変わっていないと理解できるだろう。したがって、表面的な違いだけを見て、「倫理は相対的だ」と結論するのは拙速だと思われる。

もう一つは、文化あるいは時代によって相対的に見えるルールがある一方で、殺人の禁止、近親相姦の禁止など、ほぼ普遍的に通用するルールもあるということだ。もちろん、こうしたルールについても批判的に論じることはできる。たとえば、戦争における敵兵の殺害の場合や、正当防衛の場合のように、どういう場合なら殺人が許されるかとか、あるいは避妊具を付けたら近親相姦をしてもよいか、などである。普通の感受性を持つ人なら、こういうことを考えただけでもぞっとするだろうが、倫理学ではしばしばこういう話が真剣に議論される。このように、普遍的なルールが当てはまらない例外的状況について議論することはできる。しかし、人間の生物学的条件や社会的条件が大きく変わらないかぎり、こうしたいくつかの普遍的なルールが根本的に変化することはおそらくないだろう。

最後に、相対主義的な主張に対してつねになされる反論を紹介しておこう。仮に相対主義が正しいとすれば、「他人の倫理観について批判すべきでない」というルールを他人に主張することもできなくなるはずだ。なぜなら、「他人の倫理観について批判すべきでない」という主張は、それ自体がひとつの倫理的立場だからだ。それはつまり、「人の意見に意見してはいけない」と人に意見するようなものである。この点について、イギリスの哲学者のメアリー・ミジリーの話を紹介しておこう。

わたしがとくに感銘を受けたのは哲学の学生たちの態度だ。彼らはある道徳的問題についてかなり強硬な見解を表明したあと、問題がややこしくなってくると、あっさりと、「まあ、結局は個人の主観的な意見にすぎないですし」などと言うのだ。また、これも興味深い点だが、彼らはよく「だけど、もちろん、道徳的判断をなすことは常に不正なことですよね？」と発言し、この発言自体が道徳的判断であることには気付かない（か、気付いていないように見える）のだ。

†宗教なしの倫理はありえるか

神がいなければ倫理もないとか、信仰が違えば倫理も異なると言われることがある。後者は上で検討した相対主義の一種であるため、ここでは「神がいなければ倫理もない」という考え方を取り上げることにしよう。

たしかに、仏教にせよキリスト教にせよ、倫理を説いてきたのは伝統的に宗教者であることが多かった。しかし、だからといって、宗教なければ倫理なし、ということには必ずしもならないだろう。というのは、法律を作り、政治を担っていたのも伝統的には宗教者であることが多かったが、だからといって、こんにち政教分離という考え方に慣れ親しんでいるわれわれは、宗教がなければ法律を作ることも政治を行なうこともできないとは考えないからである。なぜ、倫理だけが神を必要とするのだろうか？「政教」は分離できても「倫教」は分離できないのだろうか？

これに対しては、法律は人々が作ることができるが、倫理は神が作るものだからだ、という答えと、天国と地獄がなければ、倫理を守る動機がない、という答えが考えられる。神がいるかどうかについての議論は話が大きくなりすぎるので、ここでは仮に神がいないとした場合に、倫理についてどう考えられるかについて見ておこう。

神の存在を信じない人は、倫理的ルールを、スポーツやゲームのルールと似たものと考えることができる。たとえば将棋のルールは人間が作ったものだが、それと同様に、倫理のルールも人間が作ったものである。また、将棋のルールがそうであるのと同様、倫理のルールも必ずしも誰かが一度に考え出したものではなく、社会生活を長く営む間に、人々が徐々に作り出したものだと考えられる。先にも述べたように、人間の生物学的条件や、人間が生きる社会環境が大きく変わらないかぎり、倫理的ルールの根本的な変更は難しいだろう。ただ、野球などのスポーツのルールがときどき変わるように、ある程度の変更が生じる場合もありうる。

またわれわれは、倫理的ルールを守ることが自分の利益に反する時に、ルールを破ってしまいがちだ。そのため、天国と地獄がないと、あるいは「お天道さまが見て」いないと、倫理的ルールを誰も守らなくなる、と言う人がいるかもしれない。たしかに神様あるいは閻魔《えんま》様がつねにわれわれの行動を監視しており、死んだあとに帳尻を合わせてくれるなら、倫理的に生きようと思う人は増えるかもしれない。しかし、そのような動機がなくても、われわれはある程度までは倫理的ルールに従って行動する動機を持っている。

たとえば、スポーツでいんちきをする人がときどきいることをわれわれは知っている。しかし、選手たち全員が神や天国の存在を信じていない限りスポーツは成り立たないとは誰も考えないだろう。われわれの多くは、いんちきや反則をすれば審判に注意されたり退場させられたりすることを知っている。倫理でも同様だ。良いことをすれば人々に誉められ、悪いことをすれば人々に注意されたり仲間はずれにされたりする。このような仕方で、倫理的ルールを守る動機は、多くの場合に用意されていると言える。

もちろん、スポーツの選手や審判が腐敗していれば、試合のルールが守られないことも多いだろう。それと同様、社会一般が堕落していれば、多くの人々は倫理を守らないかもしれない。しかし、スポーツを正常化するために選手や審判に天国と地獄の存在を信じこませる必要は必ずしもない。それと同様、倫理についても、天国や地獄について教えなくても、きちんと道徳教育をしたり、なぜ倫理的ルールが必要なのかを考えさせたりすることで、ルールを守る動機を与えることができるだろう。したがって、仮に神がいないとしても、倫理は成り立つのである。

†「人間は利己的」だから倫理は無駄か

倫理的ルールの多くは、困っている人に親切にすることや、他人のためを思って利他的に行為することを勧めるものである。しかし、人間というのはつねに利己的に行為するものだから、利他的になれと命じても仕方がない、という意見がある。

たとえば、ボランティアは他人を助ける行為であり、一見すると利他的な行為だ。少なくとも、単位を取るためだけに大学の授業に出て寝ているよりも倫理的に見える。だが、単位を取るためだけに授業に出て寝ている人は、次のように言うかもしれない。「人は自分がやりたいと思ったことしかできない。結局のところ、ボランティアだって自分がやりたいと思ったことをやっているのだから、ボランティアをするのも、大学の授業に寝に行くのも、どちらも同じ価値しかないだろう」と。

このような考えに対しては、二つの答え方がある。一つは、倫理において動機というのはそれほど大切な事柄ではないという立場からの答え。この立場からすれば、純粋に利他的な動機というものがたとえ存在しないとしても一向に問題ない。後に見るように、功利主義にとっては、動機は倫理における一番大切な事柄ではない。なぜなら人は善い動機から非倫理的な行為をすることもあるし、利己的な動機から倫理的な行為をすることもあると考えられるからだ。大切なのは倫理的行為をするさいの動機の善し悪しではなく、実際に倫理的な行為がなされるかどうかなのだ。

このような立場からすれば、たとえ利己心が動機だとしても、ボランティアをして困った人が助かることは、単位のために大学の授業に出て寝ているよりも価値がある。そこでたとえば、大学生のボランティア活動を大学の単位として認定するという制度を作って、人々のボランティア活動を促進すればよいことになる。つまり、人間が仮につねに利己的であっても、倫理的行為をするように仕向けることはできるのだ。

もう一つの答は、人間はつねに利己的に行為をするというのは、誤った考えだというものだ。こちらはより哲学的な答えで説明が難しいのだが、以下でなるべく簡単に説明してみよう。

なんのかんの言っても、人間はみな自分がやりたいことをしているため、純粋に利他的な動機など存在しないのだろうか。たしかに、ボランティアをする人の中には、家族や友達の目を気にして、あるいは異性の気を引くためにやる人もいるだろう。しかし、そのような利己的な動機がある一方で、他人を助けたい一心でやるという利他的な動機も十分に考えられる。たとえば、線路に落ちた人を助けたという話がときどき新聞記事で取り上げられる。彼らにそのときの気持ちを聞くと、よく言うのは「自分の身の危険はともかく、とにかく助けないといけないと思った」という答えだ。線路に落ちた人を助けるというのは、助けられずに一緒に死んでしまうかもしれない危険な行為である。同じように、海や川で溺れている子どもを助けるために近くにいた人が身の危険をかえりみず飛び込むという話も聞くことがある。こういう死ぬ危険のある行為をする人が、家族や友達の目を気にしたり、異性の気を引いたりするためだけにこういう行為をしているとは思えない。

しかし、読者の中には、いやいや、そのような一見利他的に見える動機も、実は利己的なのだと主張する人がいるかもしれない。イギリスの哲学者トマス・ホッブズ（一五八八―一六七九）はまさにそのように答えたと言われる。ホッブズは、『リヴァイアサン』やその他の著作で、人間はみな、つねに利己的に行動するという主張をして、当時から悪名が高かった。そのホッブズにこんな逸話がある。

あるとき、ホッブズが貧しい老人に施しをやっているのをたまたま見かけた人が、したり顔でホッブズにこう尋ねた。「あなたの行為は自分の主張と矛盾するのではないですか」。ホッブズはそれにこう答えたという。「自分が老人に恵んでやったのは、老人がかわいそうだからではない。貧しい老人の姿を見るのは自分にとって苦痛だから、自分の苦痛を和らげるために施しをやったのだ」。

これは一体どういうことだろうか。われわれが「あの人は利己的だ」と言うときにイメージするのは、他人が悲しもうが苦しもうがおかまいなしで、自分の利益のことしか気にしない人である。反対に、他人が困っているのを見て心を痛めるような人がいれば、われわれはその人のことを「利他的な人」と言うだろう。たとえば、『クリスマス・キャロル』の主人公である金貸しのスクルージの姿を思い浮かべてほしい。彼は最初は利己的だったが、クリスマスの夜に自分がこれまで他人にしてきた無慈悲な振る舞いを反省して改心し、最後には思いやり深い利他的な人になった、とわれわれは言うだろう。

しかし、ホッブズの言い方に従えば、スクルージは改心したあとも相変わらず利己的であったことになる。なぜならホッブズは、他人が困っているのを見て心を痛めるというのも「利己的だ」と定義し直しているからだ。その再定義により、本来「利他的」の対義語であったはずの「利己的」という言葉は、もはや対義語を持たない何か別の言葉へと変わってしまっている。いまやこの新しい意味で、われわれの行為はすべて「利己的」なのだ。

このような定義は混乱を招くので、できれば避けるべきであるが、仮にこのような定義を受け入れたとしよう。そうするとどういうことになるか。たしかに人々はこの意味で「利己的」にしか行為できないことになる。すなわち、ホッブズ流に定義すれば、線路に落ちた人を助ける人も、子どもを助けるために海や川に飛び込む人も、改心したあとのスクルージも、みな「利己的」であることになる。ところが、彼らの行為をどう呼ぶにせよ、困った人を助けるという行為は依然としてできるわけだから、彼らや他の人々にそうした行為を勧める意味はあることになる。すると、最初に言われた「人間というのはつねに利己的に行為するものだから、利他的になれと命じても仕方がない」という意見は、間違いであることになる。

というわけで、「人々はつねに利己的に行為する」という主張をどのように理解するにせよ、倫理を説くこととは矛盾しないのだ。今の説明で納得しなかった読者は、これと関連する議論を第6章でも検討しているのでそちらも読んでみてほしい。

†「自然に従う」だけではいけないのか

ここまで、倫理についてのいくつかの素朴な疑問について見てきた。最後に、「倫理は大事だが、倫理理論などを学ぶ必要はなく、自然に従っていればよい」という考え方について検討することにしよう。自然がわれわれの生きる道を示してくれるという考え方は、洋の東西を問わず、古くからあるものだ。朝日新聞の記事（次頁表）を見ても、今日の日本でもこの考え方が根強く存在することがわかる。

一例を挙げよう。最近の天声人語では、英国ＢＢＣが作った「ライフ」という動物の生態を描いたドキュメンタリー映画を引き合いに出して、次のように書かれていた。

「産卵したミズダコは何も食べずに半年間、ひたすら卵に新鮮な水を送る。泳ぎ出る子を見届けての最期、幸せそうだ。（……）わが同類には知恵と情熱に欠ける親もいて、虐待事件が後を絶たない。（……）どんな親にも本来、悲しいくらい純な愛が宿る。カエルやタコに教わることではない」（「朝日新聞」二〇一一年八月二九日付）。

天声人語の内容を五〇字以内で要約すれば、「カエルやタコなど、人間よりはるかに劣った畜生でさえ、倫理的なことをしている。人間もそれを見習うべきだ」（五〇字）ということだろう。しかし、以下で説明するように、動物を含む自然のあり方に人間のあるべき姿を本気で見ようとすれば、大変なことになる。

わたしの知る限り、「われわれは自然に従うべきだ」という発想に対して最も明快で徹底した批判をしているのは、本書で何度も登場することになる功利主義者のJ・S・ミル（一八〇六―一八七三）だ。彼の「自然論」は最近翻訳が出たので、ぜひ一度自分で読んでもらいたいが、以下でその内容をかいつまんで紹介しておこう。

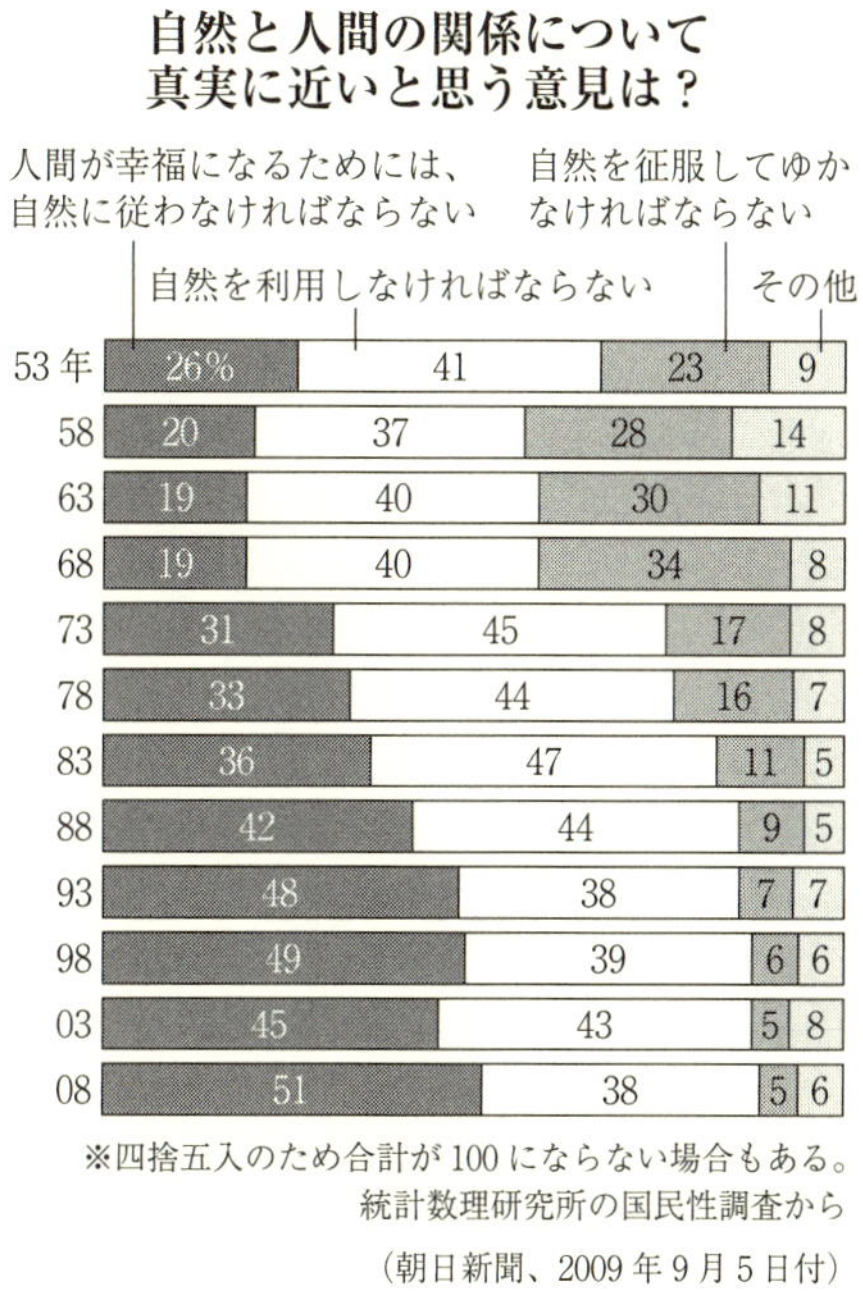

表　自然と人間についてのアンケート結果

この論文においてミ

ルは、「自然」という言葉の意味を分析している。そして彼は、「人は自然に従うべきだ」という主張は、どう行為すれば「自然に従う」ことになるのかが曖昧《あいまい》なため無意味であるか、あるいはたとえ意味があったとしても、そのような基準に従うことは「不合理であると同時に不道徳だ」と論じている。不合理だというのは、「人間の行なうあらゆる行為は、自然のあるがままのあり方を変更するものだからであり、すべての有用な行為はそれを改善するものだから」である。また、不道徳だというのは、「自然現象は、人間が行なうなら憎悪の対象になって当たり前の出来事で満ち溢れており、事物の自然なあり方をまねしようとする人物がいたならば、その人はみなから最悪の人間と見なされるだろうから」である。二点目について、ミルは次のような印象的な文章を記している。

> 冷静に見て、人間同士の間で行なえば絞首刑にされたり投獄されたりするようなことのほとんどすべてを、自然は毎日遂行している。人間の法律によって最も犯罪的な行為と認められている殺人を、自然はあらゆる生物に一度は行なう。しかも、ほとんどのケースでは、長引く拷問のような苦痛の後にそうするのである。(……)海の波は、富者から富を、そしてあらゆる貧者からもわずかなものを等しく奪い取る無法者に似

ており、人間の悪党の場合と同様に、身ぐるみをはぎ、傷つけ、殺して略奪する。手短に言うと、最悪の人間が他人の生命や財産に対して犯すあらゆることが、自然によって大規模になされるのである。

しかも、自然はこうした酷いことを善人にも悪人にも無差別に行なう、とミルは訴える。

自然はこれらすべてを、まったく横柄に、慈悲と正義を無視して行なう。最良で高貴な人々に対しても、最も卑しく悪い人々に対しても無差別に矢を放つ。最も高尚で意義ある仕事をしている人々を殺し、その死はしばしば、最も高貴な行為の直接の結果である。まるで、高潔な行為への刑罰のようにも見える。自然は、全人民の幸福や、場合によっては数世代先の人類の展望が掛かっている人々をなぎ倒し、良心のとがめはまったく感じない。死んだ方が本人のためであり、死ねば被害を被っている人々が喜ぶような人々をなぎ倒す場合とまったく同様である。このように自然は生命を扱う。

このくだりを読むと、先の東日本大震災のことを思い起こす読者もいるだろう。ミルの言うように、自然というのは本当にときに残虐で極悪非道なことをすると思わざるをえない。ミルの考えでは、自然は不完全であり、人間にとって大きな脅威でもあり、人間が無批判に真似すべきものではない。われわれがなすべきは、自然に従うことではなく、「われわれの力のおよぶかぎりで自然に手を加え、自然が正義と善の高次の基準によりよく一致するようにすること」である。

自然の持つこういう残酷な点を考慮に入れず、「自然に従うべき」だと考える人は、
(1) 自分が日頃から慣れ親しんでいることを「自然なこと」だと考えているか、または
(2) 自然が持つ諸側面の中から、自分に都合のよいことを「自然だ」と呼んでいるのではないだろうか。

一つ目については、オルダス・ハクスリーの『すばらしい新世界』の中の次の会話が思い起こされる（本書については第6章も参照）。

野蛮人「でも、神が存在すると感ずる方が自然じゃないでしょうか」
総統「そんなことをいうのは、ジッパーでズボンを締め上げるのが自然かどうか問題にするのと同然だよ」

つまり、あることを自然と感じるかどうかは、慣れの問題だと言うのである。倫理のルールについてこの意味で「自然だからよい」と言う人は、自分が日ごろ慣れ親しんでいるルールを無批判に承認することになり、倫理学で要求される批判的思考を行なっているとは言えないだろう。

二つ目については、たとえば十年ほど前のニュースで、三人の妻を持つ英国居住のイスラム人男性が、妻たちの法的権利を認めてもらうために、フランス人弁護士を雇ってヨーロッパ人権裁判所に訴えでるということがあった。このイスラム人男性の言い分は、次のようなものだった。「ちょうど一頭のライオンが四頭のメスを持つように、一人の男性は四人まで女性を持つことができます。一人以上のパートナーを持つことは男性にとって自然なことなのです」。

これがおかしい主張であることは、次のような例を考えてみればわかる。オスのカマキリは交尾後にメスのカマキリに食べられることがあるそうだが、性交後に男性を殺した女性が、同じようにヨーロッパ人権裁判所に訴えでて、「ちょうどメスのカマキリが交尾後にオスを殺して食べるように、女性にとって性交後に男性を殺すことは自然なことなのです」と言われても、われわれ（とくに男性）はそれを正当な理由とは認めないだろう。自然から自分の都合のよいところだけをつまみぐいするわけにはいかないのだ。

といって、自然にまったく見習うべきところがないというのではない。進化の過程を通じてできた動植物の構造や生態には、しばしば人間が見習うべき合理性が働いている。ただ、ミルが述べていたように、自然には人間が真似すれば不合理となる側面や不道徳となる側面もある。したがって、上で見たように、「それが自然であるから」という理由だけから自然に従うことはできないのであり、自然のどの部分が、どういう理由から優れているかを明らかにする必要がある。つまり、自然の良いところと悪いところを見分ける基準が必要なのだ。

ところが当然ながら、その基準は、「自然に従え」という基準からは得られない。そこで、われわれはそれ以外の基準を探さなければならなくなる。

というわけで、「自然に従えばよい」と考えている人も、何らかの形での理論的思考をする必要がある。そうした理論的考察においては、倫理理論が役に立つだろう。というのは、功利主義を含め、倫理理論とは一般に、そのような善悪や正不正の基準を体系的にまとめたものに他ならないからである。

†倫理学は「非倫理的」か

本書は主に近年の英米の倫理学の議論に基づく入門書となっている。最近の倫理学やいわゆる正義論では、「五人を救うために一人を死なせるべきか」とか、「火事で危険な状態にある二人のうち、一人は赤の他人だが、もう一人は自分の友人である。そのいずれかしか助けられない場合、どちらを助けるべきか」というような話がよく出てきて、いかにも物騒である。授業中にそんな話をしたり、学生に答を選ばせたりすること自体が倫理的でない、と考える読者もいるかもしれない。

少し前に、小学校の算数の授業で割り算を教える際に、先生が「ここに一八人の子どもがいる。一日に三人ずつ殺すと、何日で全員を殺せるでしょう」という設問を出して問題になったことがあった。「五人を救うために一人を死なせるべきか」という問いも同じではないだろうか？　倫理の授業では、誰を死なせるかという問いよりも、どうしたらみんなを助けられるかについて考えるべきではないのだろうか？

たしかに、倫理学において用いられるいわゆる「思考実験」は、人が死ぬものが多くて一部の人にはショッキングかもしれない。とくに、「人を殺してはならない」とか「困っている人を助けるべきである」といった倫理的ルールを教え込むべき道徳教育の段階においては、こうした事例を用いることは控えるべきであり、その意味では、小さい子どもにこのような問題を考えさせるべきではない。しかし、道徳教育において学んだ倫理的ルールを批判的に検討する倫理学においては、次の二つの関心から、どうしてもこのような思考実験が必要になる。

一つは、理論的な関心だ。「人を殺してはならない」や「困っている人を助けなければならない」といった倫理的ルールは、場合によっては衝突することがある。こういったケースを倫理的ジレンマ状況と言うが、われわれは倫理的ジレンマ状況における自らの思考を批判的に検討することで、そのような状況にも対応できるような、より洗練された倫理的理論を作り出す必要がある。そのさい、さまざまな個別的事情を捨象した抽象的で架空のケースの方が考えやすいため、こうした思考実験が用いられるのだ。

もう一つは、より実践的な関心だ。倫理においては、災害や戦争などの非常事態において、「自分の二人の子どものうち一人しか助けられないとしたら、どちらを助けるべきか」というような問いが現実になる場合もありうる。そのため、こうした問題について事前に考えておくことが現実的に重要だ。たとえば、「二人のうちの一人しか生かせないときに、どうすべきか」という問題が現実に生じた例を考えてみよう。英国で二〇〇〇年ごろに起きたジョディとマリーのシャム双生児（結合双生児）のケースがそれだ。

一卵性双生児のジョディとマリーは生まれつき体が腰と尻のあたりで結合している。マリーの心臓が十分に機能していないため、そのまま成長すればジョディの心臓に二人分の負担がかかって死ぬ。しかし、仮に二人を分離する手術をすると、ジョディは生きられる可能性が高いが、心臓などの臓器が十分に機能していないマリーは確実に死ぬ。敬虔なクリスチャンである夫婦は二人の生死は神の御心に任せると主張して分離手術に反対しているが、病院側は二人を死なせるぐらいなら一人を生かすべきだと主張して手術の許可を求めて裁判所に訴え出た。あなたが裁判官ならどう判断するか。

たしかに倫理的ジレンマ状況は、起きないにこしたことはないし、われわれの力の及ぶ限りにおいて、起きることを防ぐべく努力すべきだろう。しかし、われわれは人生の中で何度かはこうした状況に直面する可能性がある。職業によっては、こういうジレンマに日常的に直面する人もいるだろう。そこで、これらの問いについては、最初から正解がないと高を括《くく》るのではなく、普段からどうすべきかを考えて決めておき、本当にそういう状況になった場合にそのルールに従って行動する準備をしておいた方がよい。要するに、倫理学における思考実験は、われわれに無駄に非倫理的なことを考えさせようとしているのではなく、倫理的ジレンマが起きたときにどうするかを批判的に考え、準備しておくよう、われわれに迫っているのである。

とはいえ、やはりこういうことを考えるのは精神的に耐えられないという人は、無理に本書を読み進める必要はない。すでに述べたように、本書は倫理について批判的に考えるための入門書だ。自分がこれまで信じてきたことや自分のこれまでの生き方について批判的に考えるというのは、ある程度の覚悟が必要であり、その覚悟ができたときに読めばよいだろう。

本章では倫理に対するいくつかの基本的な疑問に答えるとともに、倫理について理論的に考えることが重要であることを説明してきた。それでは次章から、功利主義について説明することにしよう。

第2章

功利主義とは何か

†事例で考える

功利主義について説明する前に、いくつか問題を出してみよう。以下のケースについて、あなたならどのような判断をするだろうか。

トロリーのケース1：トロリー（路面電車）が暴走している。もしあなたが何もしなければ、線路に縛り付けられた五名の人々はひき殺される。もしあなたがスイッチを切り替えて、トロリーを別の線路に引き入れれば、五人は助かる。ただし、別の線路に縛り付けられている一人がひき殺されることになる。あなたはスイッチを切り替えるべきだろうか。

トロリーのケース2：先と同様、トロリーが暴走している。もしあなたが何もしなければ、線路に縛り付けられた五名の人々はひき殺される。あなたは歩道橋の上におり、たまたまそばには見知らぬ大きな男性がいる。この男性を橋から突き落とせば、男性は死ぬが、その体がブレーキとなって、トロリーは五人の手前で止まって五人は助かる。あなたは男性を突き落とすべきだろうか。

無人島での友人との約束のケース：あなたと友人が遭難して無人島にたどり着いた。友人があなたに自分の全財産を競馬クラブに寄付してほしいと言い残して死んだ。あなたはそうすると約束した。さいわい、その後まもなくしてあなたは救助された。あなたは友人との約束を果たそうと思ったが、よくよく考えると、競馬クラブよりも病院に寄付した方がより多くの善を生み出せるように思われる。あなたと友人の約束については他に誰も知らない。あなたはどうすべきだろうか。

J・K・ローリングのケース：火事の建物から一人しか助け出せない場合に、あなたの父であるウェイターか、『ハリー・ポッター』シリーズを構想中のJ・K・ローリングのいずれかしか助けられない場合に、あなたはどうすべきか。

†J美、ベンタムの『序説』を読む

これから詳しく説明する功利主義は、こうした問いに対して答えを与えようとする倫理理論の一つだ。功利主義はジェレミー・ベンタム（一七四八―一八三二）が最初に定式化した倫理思想である。彼は政治においても道徳においても、何をなすべきかを考えるさいに指針となるのは、「功利性の原理」をおいて他にないと主張した。彼の考えを一言で言えば、「最大多数の最大幸福」を指針として行為せよ、というものだ。しかしこれだけでは具体的にどう考えたらよいのかわからないので、もう少し詳しく説明してみよう。

ここでベンタムの考え方を説明するためにJ美というキャラクターに登場してもらおう。彼女は倫理的に生きるにはどうしたらよいかと悩んでいたおりに、たまたま図書館で見つけたベンタムの主著『道徳および立法の諸原理序説』（以下『序説』）を借りてきて読むことにした。『序説』の第一章の冒頭にあるのは、「自然は人間を、苦痛と快楽という二人の王の支配の下に置いた」という有名な文章だ。ベンタムは、われわれ人間がなすべきことと、現実にすることは、すべて快と苦という「二人の王」によって決められると言う。

自然は人間を、苦痛と快楽という二人の王の支配の下に置いた。彼ら苦痛と快楽だけが、われわれのすべきことを指示し、かつわれわれのすることを決定するのだ。その玉座には、一方には正・不正の基準が結わえられ、もう一方には、原因と結果の鎖が結わえられている。彼らは、われわれのすること、言うこと、考えること全てにおいて、われわれを支配している。われわれがこの服従から逃れようといくらあがいたところで、結局それは、われわれが彼らに服従していることを証明し、確かめるのに役立つに過ぎないだろう。

J美もそう思う。自分も友人も、楽しいと思ったことをやり、苦しいと思ったことをなるべく避けて生きている。もちろんときに受験勉強など、つらいことを我慢してやることもある。しかし、勉強を我慢してやるのは、それ自体は苦痛でも、試験でよい成績を取ると先生に誉められたり、親から特別にお小遣いを貰えたりするからだ。また、麻薬に手を出さないのも、しばらくは気持ちよくても、依存症になったりトラブルに巻き込まれたりして人生を棒に振るのが嫌だからだ。結局、快楽を求め、苦痛を避けているのだ。実際に人々がそうやって行動するのであれば、何をなすべきかを考えるさいにも、快苦を考慮に入れるのが当然だろう。

†功利性の原理とそれに対立する二つの原理

では、わたしは何を行為の指針として生きるべきか。J美はそう思って『序説』を読み進めた。すると、「功利性の原理」という「正・不正の基準」が出てきた。功利性の原理(功利原理)とは何か。人がなすべきこと、正しい行為とは、社会全体の幸福を増やす行為のことであり、反対になすべきでない、不正な行為とは、社会全体の幸福を減らす行為のことだと書いてある。そして、幸福とは快楽に他ならず、不幸とは快楽がない状態か、苦痛のことだとある。

これまたその通りだとJ美は思う。私たちは社会の中で生きているのだから、自分のことだけでなく、同じ社会に生きている人たちのことも考えないといけない。幸せな人もいれば、そうでない人もいる。道徳も政治も、その目指すところは人々の幸福の増大であり、不幸の削減であるべきだ。少し前にいた総理大臣も「最小不幸社会」を唱えていた。倫理的に生きるとは、自分の力のあたう限りで、人々を幸福にすることだろう。

功利主義はしごく当然のことを言っているとJ美は思う。なぜベンタムは改めてこんなことを書かないといけなかったのだろう。そう思って読み進めると、「禁欲主義の原理」

と「共感・反感の原理」という他の原理が出てきた。これらはベンタムが批判した考え方だ。禁欲主義の原理とは、功利原理とは逆さまで、「苦痛は善、快楽は悪」とするものだ。ベンタムによれば、古代のストア派のような哲学者や、一部の宗教家が主張していたそうだ。

苦痛が良いなんてバカげている、とJ美は思う。もちろん、受験勉強のように目標を達成するために辛いことを我慢しないといけない場合もある。だけど、苦しいのを我慢するのは、苦しさそのものが良いからではなくて、苦しみの結果として得られるものが良いからだ。虫歯を治しに歯医者に行くのだって、そうだ。

次にベンタムは「共感・反感の原理」について書いている。これは、正しい行為とは、自分が気に入った行為のことであり、不正な行為とは、自分が気に入らない行為のことである、という考え方だ。ベンタムによると、彼以前のほとんどの哲学者がこういう考えをしており、彼らは自分の考えをもっともらしく見せるために、「自然の法」とか「良心」とか「永遠不変の真理」とかいう言葉を持ち出したそうだ。しかし、こういう考え方を持ち出しても議論のしようがなく、結局のところ多数派が少数派に、権力者が社会的弱者に自分たちの考えをむりやり押しつけることになってしまうだろう、とベンタムは批判している。

J美もベンタムの批判が正しいと思う。みんなが自由に生きる社会の方が幸福な社会に決まっている。そのためには、各人の自由を規制するための明確な根拠が必要だろう。自然に反するというような基準では、規制の根拠としては曖昧で危険すぎる。

たとえば、昔のイギリスでは男性の同性愛は自然の法に反するという理由で重い刑罰に処されており、ベンタムはこれを強く批判していたそうだ。同性愛は異性愛の場合と同様、同性愛者には苦痛ではなく快楽をもたらし、関係のない人には苦痛をもたらさない。同性愛に偏見を持っている人は隣人が同性愛者であることに苦痛を感じるかもしれないけれど、だから禁止すると言われたら、周りの人が気に入らない服装や生き方が許されなくなるだろう。今の日本でも、美容整形は不自然だとか言う人がいるけれど、若い人の中にはあんまりそんな気持ちを抱かない人もいる。何を自然に感じるかなんて人によってさまざまだ。ベンタムの言うように、社会全体の幸福を増やすか減らすか、という基準の方が、何をすべきかすべきでないかについて、議論しやすいだろう。

J美はここまで読んで、ベンタムが功利原理を主張したのは、彼の考えでは他の思想家たちが禁欲を主張したり、自分の気に入らないものを禁止しようとしていたりしたからだということがわかった。けれども、幸福を増やし、不幸を減らすと言うのも、結構曖昧なのではないかとJ美は思う。これだけでは具体的に何をしたらいいのかわからないのでは……。

†功利計算

と思って『序説』をさらに読むと、快苦の計り方という話が出てきた。ベンタムの考えでは、何をしたらよいかを考えるにあたっては、快苦の量をきちんと計算しないといけない。快苦には、まずその強弱や長短がある。短くても強烈な快楽もあれば、弱くても長く続く苦痛もある。また、今すぐ得られる快苦か、ずっと先に得られる快苦か、ということもある。とくに将来の快苦については、どのぐらい確実に得られるものかも問題になる。さらに、快が後でさらなる快をともなう種類のものか、あるいは後で苦痛をともなう種類のものかという考慮や、ある人が快をもたらす行為をした場合に他の人に快あるいは苦をもたらす傾向があるかどうかも考慮に入れる必要があるという。

ベンタムはさらに進んで、快苦の種類を分類している。快には一四種類、苦痛には一二種類あるという。たとえば、味覚や触覚のような身体的な快、記憶や想像がもたらす精神的な快、また、他人に親切にすることで相手の喜びを共有するような快も挙げている。他人の不幸を見て得られる悪意の快というのも挙がっている。逆に、苦痛も身体的な苦痛や精神的な苦痛のほかに、他人の苦しみを共有する苦痛とか、他人の幸福をねたんで感じる苦痛とか、いろいろ挙がっている。

これは数学のようで大変だな、とJ美は思った。そもそも快苦は体温計のようなものでは計れないし、どうやって計るんだろう。暑い夏の日にアイスクリームを食べて得られる快楽と、冬の寒い日におでんを食べて得られる快楽は、どちらが大きいのだろう。まったく比べられないというと嘘になるけれど、かといって正確に測るのも難しそうだ。

だけど、その一方でベンタムが言う「犯罪者が感じる、低劣極まりない快楽も、それ自体では悪いものではない」という一見ドキッとする主張も、この計算の話をきくと、納得が行く。犯罪行為は、殺人にしろ強姦にしろ、当人には一時的にせよ強い快楽をもたらすからこそ行なわれるんだろう。ただ、犯罪行為は当人にそのような快楽をもたらす一方で、他人に大きな苦痛をもたらすことが多いのだ。だからこそ、犯罪行為に指定されているのだろう。とはいえ、ベンタムによれば、刑罰だって人の自由をうばうことで苦痛を増やすのだから、それ自体は悪だ。だから、こういう計算をきちんとやって、必要かつ効果的な刑罰を作り、そうでないものは廃止しないといけないのだ。

また、ベンタムは別のところで、「各人を一人として数え、誰もそれ以上には数えない」と言っている。これも計算の際には大事な点だとJ美は思う。計算するときは自分や自分の好きな人を特別扱いしたり、他の誰かを無視したりせずに、平等に考慮に入れるのは、倫理の基本だろう。

†なぜ功利主義に従うのか

功利主義はけっこう立派な主張をしていることがわかった。でも、とJ美は思う。わたしは倫理が気になるからこの立場が立派だと思うけれど、倫理に関心のない人だったらどうだろうか。「なぜ自分の幸福ではなく、最大多数の最大幸福を追求しないといけないのか」と言うのではないだろうか。そう思って少し戻って第三章を読むと、快苦が生じる源泉、およびサンクションという話が出てくる。サンクションとは、報償や制裁のように、特定の行動を取るよう、あるいは取らないよう、われわれを動機づけるもののことだ。

ベンタムは、快苦が生じる源泉には四つあると言う。一つ目は自然的サンクション。これは、自然の経過によって発生する快苦のことだ。雨に濡れたら風邪を引いて苦しくなるとかだ。二つ目は政治的サンクション。これは政治的・法的な強制力によって生じるもの。

刑罰によって苦痛を与えられるとかだ。三つ目は民衆的サンクション。これは周囲の人の白い目や仲間外れによって生じるものだ。今なら世論やピア・プレッシャーと呼ぶところだろう。一つ目は快苦が自然的に生じる場合なのに対して、二つ目と三つ目は人為的に生じる場合と言える。四つ目は宗教的サンクション。これは宗教的な源泉から快苦が生じる場合だ。来世で幸福が約束されることによって生じる快などがそれだ。ベンタムは、これらの四つのうち、立法者は主に政治的サンクションを用いて、人々が功利原理にかなう仕方で行為するよう、彼らの行動をうまく統制する必要があると考えたのだ。

なるほど、とJ美は思った。自発的に功利主義に従って行為できる人はそうすればいいし、そうでない人については、法律をきちんと整備することで、社会全体の幸福を促進するか、少なくともそれに反しない仕方で行為してもらえばいいわけだ。だからこそ『序説』のタイトルは『道徳と立法の諸原理序説』というふうに、道徳だけでなく立法の原理でもあることを謳《うた》っているんだろう。わたしも政治家を目指して勉強して、最大多数の最大幸福を実現するような立法を行なう人になろうかな……。

†J美の回答

というわけで、ここまでJ美と一緒にベンタムの『序説』を読んできたが、それでは実際にJ美に本章の冒頭に掲げたケースについて判断してもらうことにしよう。

第一はトロリーのケース。J美「そのまま走っていけば、五人が死んで、単純に考えれば一人が死ぬときの五倍の不幸が生まれる。線路のスイッチを切り替える人の精神的な苦痛もあるかもしれない。これは死刑執行と似ていなくもないから、きっと辛いことだと思う。だけど、それを含めたとしても、やっぱり五人が死ぬ方が悪いことだ。だから、スイッチを切り替えるべき。大きな男性を突き落とさないといけない場合も、考え方は同じ。やっぱり突き落とすべき」。

第二は約束のケース。J美「たしかに財産の使い道について友人の死に際に約束したけど、つまらない用途に使うぐらいだったら慈善団体に寄付した方がより多くの人が幸福になる。約束したことが誰にも知られていないなら、なおさら約束を守る必要なんかない」。

第三はJ・K・ローリングのケース。J美「社会全体の利益に最も寄与する人の命が選ばれるべき。わたしの家族はわたしにとって重要だけど、社会全体の利益にとっては多くの子供たちや大人たちを喜ばせる本を書くローリングの方が重要。迷わずローリングを救うべき」。

Ｊ美はこういうふうに自信を持って判断したところ、友人たちから「非倫理的だ」と非難された。彼らによると、たとえ五人が助かったとしても人を殺すような行為をすることは許されないし、友人との約束もちゃんと守るべきなのだ。また、たとえ社会的に重要な人物が死ぬことになっても、自分の家族を後まわしにすることは許されない。Ｊ美はそれはベンタムの言う「共感・反感の原理」に基づく判断にすぎないのではないかと反論したが、無駄だった。友人たちは、功利主義なんかを信じている人は友だちとして信用できないので、その考えを捨てるまで仲良くできないと言って、Ｊ美は仲間外れにされてしまった（これはベンタムの言う民衆的サンクションだ）。途方に暮れたＪ美は、他に何かよい本はないかと、図書館に足を向けた――。

†功利主義の三つの特徴

さて、ここまでベンタムの著書を用いて功利主義について説明してきたが、もう一度、功利主義の特徴を説明しておこう。より形式的にその特徴を列挙すると次のようになる。

（１）帰結主義。行為の正しさを評価するには、行為の帰結を評価することが重要である。「帰結」とは結果のことだが、「結果主義」と書かないのは、功利主義はいわゆる「結果論」ではないからだ。「何にせよ結果がよかったのだから、その行為は正しかったのだ」と行為を事後的に評価するのが結果論だ。それに対して帰結主義は通常、「こう行為すると、こういうことが結果として起きるだろう」という事前の予測に基づいて、行為の正しさを評価するものである。

帰結主義は一見当たり前のことを言っているようだが、実はそうではない。行為の正しさは必ずしも帰結のみによっては決まらないという立場を、非帰結主義と呼ぶが、この立場に入る考え方はいくつもある。たとえば、ベンタムが「共感と反感の原理」について述べたように、倫理に関して「自分が好きかどうか」や「自然と感じるかどうか」で判断することもしばしばある。また、行為が正しいかどうかは動機の良し悪しで決まると考えている人も多いかもしれない。さらに、帰結がどうあれ各人の権利を守ることが重要という考え方もある。これらの立場は、行為の正しさを評価するさいには帰結とは独立の考慮が必要だと考えている点で、帰結主義とは区別されるものである。

（2）幸福主義。行為の帰結といってもいろいろありうるが、行為が人々の幸福に与える影響こそが倫理的に重要な帰結であると考える立場が、幸福主義だ。ベンタムはいわゆる快楽説を取っているが、これは幸福主義の一種だ。快楽説によれば、快が善いものであり、苦は悪いものである。したがって、快楽を増やし、苦痛を減らすような行為が正しいことになる。あとの章で見るように、他にも、幸福とは欲求が満たされることだとする説や、教育や健康などの客観的な利益を保障することだといった説もある。こうした幸福主義は厚生主義とか福利主義と呼ばれることもある。

幸福主義も一見当たり前のことを言っているようだが、必ずしもそうとは言えない。たとえばわれわれは自由や真理にも価値があると考えているだろう。幸福主義は、それらに一定の価値は認めるものの、自由や真理に価値があるのは、それらが人々の幸福を増進するからに他ならないと考える。何かの役に立つという理由からではなく、それ自体に価値があることを「内在的価値」と呼ぶが、幸福主義によれば、この世界で内在的価値を持つのは幸福だけであり、それ以外のものは幸福になるための手段として道具的価値を持つに過ぎない。この立場を取らず、自由や真理は人々の幸福とは独立に価値を持つと主張するならば、それは非幸福主義である。

（3）総和最大化。功利主義では、一個人の幸福を最大化することを考えるのではなく、人々の幸福を総和、つまり足し算して、それが最大になるように努める必要がある。そのさい、「各人を一人として数え、誰もそれ以上には数えない」（ベンタム）ことが大切だ。

つまり、一人一人が等しい配慮を受けなければならない。
総和最大化という特徴から明らかなように、功利主義は自分の利益を最大化するという利己主義ではない。また、一人を一人として数えるという公平性の配慮が働いているため、社会の一部の人の幸福を二倍に考えたり、他の一部の人の幸福を二分の一で数えたりすることもない。総和最大化という特徴に対しては、「功利主義には分配的正義の配慮がない」という重要な批判があるのだが、これは別のところ（第5章）で扱うことにして、先に進むことにしよう。

ここまで見てきたように、功利主義は一見して実用性が高く魅力的な思想のように思われる。しかし、功利主義に対しては、早くからJ美に対して友人たちが行なったような手厳しい批判が加えられてきた。その批判とは簡単に言えば、功利主義は大勢の人を幸福にするという錦《にしき》の御旗《みはた》を振りかざすことで、「無実の人を殺さない」とか「約束を破らない」とか「家族を大事にする」といった人間の基本的な義務をないがしろにしているというものだ。次の章では、なぜそのような批判がなされるのかについて見てみることにしよう。

第3章 功利主義者を批判する

†『シザーハンズ』での問いかけ

ジョニー・デップとウィノナ・ライダー主演の『シザーハンズ』というファンタジー映画をご存じだろうか。ジョニー・デップが演じるエドワード青年はフランケンシュタイン博士が作ったような人造人間で、タイトルにあるように、両腕にはふつうの手ではなく、大きなハサミ（シザー）がいくつも付いている。彼は自分を造った「父親」を不慮の事故で失ったのち、さびれた屋敷で孤独に暮らしていた。一方、ウィノナ・ライダーが演じるキムは典型的なアメリカの中流家庭で育った白人の高校生だ。

ある日、化粧品の訪問販売員をしているキムの母親が屋敷を訪れ、エドワードを発見する。彼女は身よりのないエドワードを不憫《ふびん》に思い、自分の家に引き取って一緒に暮らすことにした。しかし、社会生活を営んだことのないエドワードは、子どものように純粋な心を持つ半面、何をしてよくて何をしてはいけないのか、つまり倫理のルールがわかっていない。そのため、知らず知らずのうちに犯罪行為の手助けをするなど、さまざまなトラブルに巻き込まれてしまう。エドワードの今後を心配したキムの父親は、一家での夕食中に、エドワードに次のように言う。

よし、ちょっと倫理の勉強だ。君が道を歩いているとする。するとスーツケースいっぱいに詰まった札束が落ちているのに気づく。君は一人きりで、あたりには誰もいない。さて、君はどうすべきだろう？　A．お金を自分のものにする。B．そのお金で友人や大切な人にプレゼントを買う。C．貧しい人にあげる。D．警察に届ける。

読者もお察しの通り、模範的な解答は「D．警察に届ける」である。自分なら実際にはAを選ぶかも……と思った人も少なからずいるかもしれない。正直でよろしい。だがこれは、「自分だったら実際にどうするか」という質問ではなく、「倫理的に考えてどうすべきか」という質問であることに注意してほしい。

さて、読者と違って倫理のルールを学んだことのないエドワードは、どう判断したか。彼は、しばらく悩んだ末、「B．そのお金で友人や大切な人にプレゼントを買う」を選んでしまう。純粋な心を持つ彼は、人一倍、友人や家族思いなのだ。その答えを聞いたキムの母親が困った顔をして、「たしかにそれが正しいように見えるけれど、実はそうじゃないのよ」と同情気味に言う。エドワードのことを憎からず思っているキムも、「それはよりステキなことじゃないかしら。わたしだったらそうすると思うわ」とエドワードを積極的に弁護しようとする。

しかし、父親はキムの意見を批判して、ぴしゃりとこう言う。「いま問題にしているのはステキかどうかじゃなくて、やっていいことと、いけないことなんだ！」。つまり、父親に言わせれば、今は倫理の話をしているのであり、ステキだとかカッコいいだとかいうのは、まったく別の問題なのだ。

†功利主義者の答え

さて、ここまでは半分前置きである。ここで考えたいのは、選択肢「C．貧しい人にあげる」だ。エドワードが本書の第2章を読んで功利主義を学んでいたら、この質問に対してCを選んでいたかもしれない。

たとえば現在、ソマリアでは飢饉《ききん》で数百万人の人が飢えに苦しんでいる。食べ物や飲み物が不足しているだけでなく、難民キャンプでは赤痢のような感染症も蔓延《まんえん》し、子どもたちが次々に死んでいる。スーツケース一杯のお金を、ユニセフやUNHCRのような国連機関や、国境なき医師団やセーブ・ザ・チルドレンのような国際NGOに寄付すれば、多くの人の命を救える可能性がある。

なるほど、そのお金を落とした人は、それほどの大金が戻ってこなければおそらくかなり不幸になるだろう。しかし、おそらくそれによって死ぬわけではないし、かりに絶望の末に死んだとしても、一人の命であり、その代わりにソマリアで大勢の人々の命が助かることになる。誰も見ていないのであれば、落とし物を届けなかったことで罪に問われることもない。功利主義者なら、迷わずCを選ぶべきではないだろうか。

J・J・C・スマートというオーストラリアの功利主義者なら、まさにこの選択肢を選んだだろう。第2章の冒頭でも引用したが、次の例は彼が挙げているものだ。

無人島で交わされた友人との約束：わたしと友人が遭難して無人島にたどり着いた。友人は、わたしに自分の全財産を競馬クラブに寄付してほしいと言い残して死んでしまった。わたしはそうすると約束した。その後わたしは運良く助けられた。だが、友人との約束を守って競馬クラブに寄付するよりも、病院に寄付した方がより多くの善が生み出せるのではないかと考え、どうすべきか悩んでいる。

あなたならどう考えるだろうか。おそらくキムの父親なら、たとえ友人との約束のことを誰も知らないとしても、約束を守って競馬クラブに寄付すべきだと言うだろう。

だが、功利主義者のスマートはこう考える。「わたしと友人が交わした約束について他の人は誰も知らないし、わたし自身も良心の呵責《かしゃく》を少しばかり覚えるかもしれないが、それでも全体の利益を考える功利主義者としては、約束を破って病院に寄付すべきだ」。

このように、少なくともスマートのような一部の功利主義者は、倫理的に考えた場合、模範的回答である「D．警察に届ける」を選ぶのではなく、別の答え（この場合はC）を選ぶ可能性が高い。第2章ではもっともらしく見えたかもしれない功利主義は、実はこのように常識とは異なる結論を出す可能性があるのだ。

†われわれは誰の幸福を気にかけるべきか

ここで視点を変えてエドワードが選んだ「B．そのお金で友人や大切な人にプレゼントを買う」という選択肢について、少し考えてみよう。たしかに、拾ったお金で友人や大切な人にプレゼントを買うのは倫理的ではないかもしれない。しかし、家族や友人を大切にすること自体は、一般に倫理的なことだと考えられている。赤の他人よりもまず自分の家族や友人を優先的に助けるのは当たり前、と考える読者は多いだろう。

たとえば、大学の講義で、トロリー問題についてどう思うかと学生に聞くと、「線路に縛られている人の中に家族や友人などがいるかどうかで答えが異なります」と答える学生がときどきいる。そこで、トロリー問題を修正して次のように問うてみることができる。「線路に一人の見知らぬ人が縛り付けられていて、もう一方の線路にはあなたの家族の一人が縛り付けられている。どちらか一人しか助けられない状況において、あなたはどちらを助けるべきだろうか」と。こう尋ねると、ほとんどの人は、自分の家族を助けるのが当たり前、と答えるのではないだろうか。

また、少し設定を変えて、「線路に五人の見知らぬ人が縛り付けられている。線路のスイッチを切り替えなければ、五人が死ぬが、切り替えると、もう一方の線路に縛り付けられたあなたの家族の一人が死ぬ。どちらか一方しか助けられないとしたら、あなたはどうすべきか」と問われたらどうだろうか。この場合でも、やはり五人の死には目をつぶって自分の家族を助けるべきだと答える人が多いかもしれない。

しかし、功利主義者は一般に、家族や友人を優先的に助けるということの考え方に批判的だ。ベンタムが「各人を一人として数え、誰も一人以上に数えない」と言ったように、公平性を重視する功利主義者からすれば、家族や友人を「身内びいき」し、他の人を不公平に扱うことになると考えられるからだ。

自分の周りの人を優先的に助けるという考え方をとりわけ強く批判したのは、ウィリアム・ゴドウィン（一七五六―一八三六）だ。ベンタムと同時代の功利主義者であり、アナキスト（無政府主義者）としても知られるゴドウィンは、家族や友人への愛情を、本質的に公平性に反するものと考えた。そこで功利主義の特徴の一つである「公平性」という点について、ゴドウィンの見解を見てみよう。

†ゴドウィンの過激な主張

ゴドウィンは、のちに大きく考え方を改めることになるのだが、主著『政治的正義』を発表した当初は、ある人が自分の家族や友人であるという理由からその人を優先することは許されないと強く主張していた。ゴドウィンが用いたフェヌロン大司教のケースを紹介しよう。なお、本書の第2章で用いたJ・K・ローリングのケースは、このフェヌロンのケースをアレンジしたものである。

フェヌロン大司教のケース：火事の建物に二名の人が閉じこめられており、いずれか一人しか助け出せない状況にある。そのうちの一人は、名著『テレマコスの冒険』（一六九九）を書く前のフェヌロン大司教（一六五一—一七一五）であり、もう一人は、フェヌロンのメイドであるが、そのメイドとはたまたま自分の母親でもある。二人のうちのいずれかしか助けられない場合にどうすべきだろうか。

ゴドウィンは、「人をひいきしない」のが正義の原理だと述べ、メイドが母親であろうが誰であろうが、迷わずにフェヌロンを助けるべきだと考えた。彼の説明はこうだ。

我々は、社会、国家、そして人類という、ある意味では大きな家族の全体と結びついている。その結果、全体の善に最も寄与する人の命が選ばれるべきだということになる。大司教にして小説家であるあのフェヌロンの命を私が救うとしよう。（……）このとき私は、『テレマコスの冒険』を熟読することによって、犯した過ちや悪事、その報いとしての不幸から癒されるに違いない何千もの人々の利益を増大させたことになるだろう。いや、おそらくそれにとどまるものではない。（……）というのも、癒された人々一人一人が社会のよりよい成員となって、今度は他の人々の幸せ、学識、向上に貢献するからである。

ゴドウィンは、仮に自分自身がメイドだったとしても、自分が死ぬことでフェヌロンを助けられるなら、進んで自らの死を選ぶべきだと言う。「それをさかさまにして、大司教が死ぬようなことになったとしたら、それは正義への冒瀆《ぼうとく》侵害というものだ」。ゴドウィンは功利主義の特徴である「公平性」という考え方を極端にまで突き詰めて、自分や自分の家族を無条件で優先することを認めてはならないという主張を行なっている。彼は、「わたしの（my）」という言葉に道徳的な重要性を認めることを断固として拒否し、以下のように述べた。

「わたしの」という所有代名詞になんのことがあろうか。その中に、不変の真理の決定をひっくり返せるような魔法の仕掛けがあるとでもいうのか。愚か者か淫売、性悪で嘘つきで不誠実、それが私の妻ないしは私の母だったかもしれない。そのとき、その女が私の妻もしくは母であるからといって、いったいどんな結論が出てくるというのか。

このようにゴドウィンは、ある人が「わたしの」家族や友人であるという理由だけで、特別扱いすることを強く批判している。ただし、彼の考えでは、メイドであるわたしの母親がフェヌロンより良い本を書けるのであれば、話は別である。だが、その場合、そのメイドが「わたしの母親」であることが重要なのではなく、「よい本を書ける能力」を備えていることが重要なのだ。

読者はこのようなゴドウィンの考えをひどいと思うかもしれない。常識的に考えれば話は逆だ。わたしにとって自分の母親が重要なのは、まさに自分の母親であるからであり、母親がすばらしい本を書ける人なのかどうかは本質的な問題ではない。親であれ子どもであれ、自分の家族に対する愛情というのは無条件なものであり、親や子どもの出来がいかに悪くとも、家族以外の人よりも大切にするべきだ。これがわれわれの常識的な考え方だろう。

ここまで読んできた読者は、前章では一見もっともらしく見えた功利主義が、実は常識はずれのひどい理論だと思ったかもしれない。実際、ゴドウィンやスマートをはじめ、功利主義者たちは「功利主義は常識はずれの結論を支持する」という批判を受けてきた。そこで次章では、こうした批判を受けて功利主義者たちが提示した、より洗練された理論について話そう。しかし、次の章に行く前に、ゴドウィンの人生についてもう少し話しておきたい。

†ゴドウィンとウォルストンクラフト

ゴドウィンは『政治的正義』を刊行してまもなく、メアリ・ウォルストンクラフト（一七五九―一七九七）と懇意になった。ウォルストンクラフトといえば、フランス革命の余波が続く一七九二年に『女性の権利の擁護』を書き、女性も男性と同様、理性的で自立した人間になりうると宣言した初期のフェミニズム思想家の一人だ。『政治的正義』の出版によって一大論争を巻き起こしたゴドウィンもこの当時は超が付くほどの有名人だったので、セレブ同士の付き合いだったと言える。いかにもセレブらしく、このカップルにはゴシップ話が沢山ある。

ウォルストンクラフトには、ゴドウィンと知り合う前につきあっていた男性との間にできた婚外子の娘が一人いた。当時の英国では、結婚せずに子どもを持つことは、現在の日本よりはるかに厳しい目で見られることであった。この件に関して彼女は社会の偏見に苦しみ、また恋愛関係のこじれのために絶望して、服毒自殺を図ったり、テムズ川に身を投じたりするなど、何度か自殺を試みていた。

さて、ウォルストンクラフトは、ゴドウィンと付き合い出してからまもなく、自分が再び妊娠したことに気付いた。彼女は、自分はこれ以上の偏見や中傷には耐えられないと考えて、正式に結婚するようゴドウィンに求めた。

ところが、である。ゴドウィンは、結婚制度を「あらゆる独占の中でも最悪の制度」と呼んで意を尽くして批判し、結婚制度の廃止を提案していたことで、当時よく知られていた人物なのであった。彼は『政治的正義』の中で次のように述べている。

ヨーロッパの国々の習慣では、無思慮でロマンチックな若い男女がくっつき、何度かデートし、あらゆる幻想に囚われた状態で、一生涯ともに生きることを誓う。その結果どうなるかというと、ほとんどすべてのケースで、自分がだまされたことに気づくのだ。結婚制度というのは詐欺の制度である。われわれは過ちに気づいたらすぐに正すべきなのに、過ちを大事にするようにと教わる。徳や価値あるものをたゆむことなく探究すべきなのに、これ以上の探究は差し控え、最も魅力的で尊敬に値する対象に対して目をつむるようにと教わる。結婚は法律の中でも最悪の法律だ。

ゴドウィンによる結婚制度に対する批判はまだまだ続くのだが、要するに、誰かと一生添い遂げるというような約束は、まず間違いなくより大きな幸福を生み出すことを妨げるため、正義に反する制度だというのだ。

ゴドウィンが提出した代案は、結婚制度は廃止して自由恋愛、子どもができたらみんなで育てて名字はつけず、「わたしの父親」「わたしの息子」といった「わたしの」という発想をなくすのがよい、というものだ。これはプラトンの『国家』を思わせるものだ。ここでも、自分の家族への偏愛を批判する彼の思想が現れている。

さて、このように結婚制度を批判していたゴドウィンだが、驚くべきことに、彼はウォルストンクラフトの願いを聞き入れて結婚してしまう。当然ゴドウィンの批判者はゴドウィンの理論と実践が一致していないと非難したが、ゴドウィン自身は、人の幸福のために自分の信念を曲げることをそれほど問題に感じていなかったようだ。

こうしてお互いの知性を尊敬し、愛し合う二人は正式に結婚した。しかし、残念なことに、ゴドウィンとウォルストンクラフトの幸せな結婚生活は半年ほどしか続かなかった。ウォルストンクラフトは娘の出産後まもなくして、お産が原因で亡くなってしまうのだ。最愛の女性を失ったゴドウィンは悲嘆に暮れる。そして彼は、自分を慰めるためにも、ウォルストンクラフトの伝記を書くことに決め、ほどなくこれを出版した。これは淡々とした筆致で書かれているものの、ウォルストンクラフトに対するゴドウィンの愛情が行間からこぼれんばかりに溢れ出している素晴らしい伝記だ。

ところが、ゴドウィンがこの本の中で彼女の最初の婚外子のことや自殺未遂の話を赤裸々に書いたことで、本書は当時の社会で一大スキャンダルとなった。ゴドウィンは故人の顔に泥を塗るような行為をしたとしてさらに評判を落とした。ウォルストンクラフトにいたっては、百年近くに渡り思想史から葬り去られることになった。

話はまだ続く。ゴドウィンはウォルストンクラフトの忘れ形見である娘メアリを、母親の思想を継ぐものとして大変可愛がっていた。だが、彼女は一六歳のときに駆け落ちしてしまう。相手はゴドウィンの大ファンとしてやってきた詩人シェリーだ。この駆け落ちを知ったゴドウィンは怒り狂ったが、自分が『政治的正義』で自由恋愛を説いているのだから、あまり文句も言えない。メアリはその後、シェリーと結婚して、メアリ・シェリーとなり、かの有名な『フランケンシュタイン』を執筆することになる。なんともカラフルな一家である。

話がやや脱線してしまった。本書にとって重要なのは、ゴドウィンがウォルストンクラフトとの出会いと別れの体験を通じて、彼の功利主義思想に重要な修正を加えたことだ。次章ではこの点を見ることにしよう。

第4章
洗練された功利主義

†ゴドウィンの修正

正義の本質は人々を公平に扱うことにある。ゴドウィンはこのように主張した。ここでいう公平とは英語ではimpartiality、つまり偏って（partial）いないということだ。不偏性とか不偏不党と言い換えても良い。一方、ゴドウィンは、家族への愛情をpartiality（偏愛）と呼んだ。つまり、自分の家族への偏った愛は、不偏性を本質とする正義にとって邪魔になるとゴドウィンは考えたのだ。

だが、ウォルストンクラフトの死を経験したあとに出版された『政治的正義』の第三版では、この考え方に大きな修正がなされている。

正義の本質が人々の公平な扱いにあることについては、ゴドウィンは考えを変えなかった。しかし彼は、ウォルストンクラフトとの結婚と死別を通じて、家族への愛情が正義の実現のためにぜひとも必要なものだと考えるようになった。彼は次のように述べている。

個人的な愛情の絆を持つとき、我々の心は、それをはぎ取られたときとは比べものにならないほど、生命が隅々にいきわたって、生き生きとした状態に保たれる。そして、人が生きた存在であることは、レンガや石としてあるよりも素晴らしいことである。そしてまた、家庭の人間関係のうちに暮らす人は、他の人に快を与える多くの機会を持つだろう。その快は一つ一つをつぶさに見れば取るに足らないものだが、総じて見れば小さいものではない。いや、それどころではない。もし、自由で高潔な精神が宿っている人であれば、家庭の人間関係によって、その人の感受性は高まり、魂はより調和のとれたものになるだろうから、見知らぬ人や一般社会に進んで奉仕するようになると期待できるのだ。

自分の家族への偏った愛は、不偏性を本質とする正義にとって邪魔になるから、そのような愛情は不要だ、とゴドウィンは元々考えていた。しかし、この引用に見られるように、彼はそれでは不十分だと考えるようになった。家族に対してほとんど無関心な人は、概して他の人々の幸福にも関心を抱かないものだ。むしろ家族関係の中で愛情を育む人の方が、家族を含めた身近な人々をより幸福にできて功利主義的に見ても望ましい。そればかりでなく、家族への愛情によって他人の幸福に対する感受性が高められると、他の人々の幸福にも関心を持つ立派な功利主義者になれる可能性があると言うのだ。

かくいう筆者も子どもができて初めてわかったことがある。自分に子どもができると、自分の子どもだけでなく近所の子どものことも気にかかるようになる。また、同い年ぐらいで貧困や病気に苦しんでいる他の国々に住む子どものことも、以前より気にかかるようになった。家族を大事にするという経験を通じて、一人一人の命が大切だという真理がより身に染みてわかるようになることがあるように思う。同じことが、友人との間に育まれる友情や、同郷人や同国人との間に育まれる愛国心についても言えるだろう。こうしてゴドウィンは、身近な人々に対する愛情は功利主義的にも正当化できると考えるようになったのである。

とはいえ、ゴドウィンはこのような自分の家族や友人、同国人に対する「偏愛」を無条件に認めるわけではない。身近な人々を赤の他人よりも大事にすることは、度が過ぎると単なる「身内びいき」になる。自分の子どもがかわいいあまり、国内や国外で貧困にあえいでいる子どもに無関心になったり、援助の手を差し伸べなかったりするのでは功利主義者としては失格だ。同国人が災害で苦しんでいるのは助けるが、外国で同じような災害が起きても無関心でいたり、それどころかいい気味だと喜んだりすることも、正義に反する。自分の家族や友人などに対する愛情も適度でなければならない。どのぐらいが適度であるかは、公平性の観点から評価する必要があるだろう。

†規則や義務の重視

このように、公平性の観点が最も重要だという考えは変化していないという意味で、ゴドウィンは依然として功利主義者であった。そしてこの修正がなされた後のゴドウィンの立場は、現代の功利主義者の多くが取っている立場とほぼ同じものと考えられる。現代の功利主義者の多くも、自分の家族や友人に対する義務や、約束を守る義務や嘘をつかない義務などが功利主義的に考えて重要であることを認めている。

ただし、ゴドウィンが家族への愛情について述べていたように、あらゆる義務は、それをいかなる状況においても守ろうとすると、行き過ぎになることがある。たとえば、ドイツの哲学者カントを批判する文脈でよく出される例を挙げよう。

あるとき、わたしの友人がわたしの家に駆け込んできて、「自分を殺そうとしている人に追いかけられているから匿《かくま》ってくれ」とわたしに言う。わたしは友人を家に入れて匿うことにする。しばらくして、友人を追っている人がわたしの家にやってきて、わたしに友人を匿っていないかと問う。さて、わたしはどうすべきか。

厳格なカントは、この場合でも嘘をついてはいけないと言う。つまり、「ええ、その人、うちのどこかに隠れてますよ」と言わなければならないというのだ。なぜなら、カントの考えでは、嘘をついてはいけないという道徳的義務は絶対的なものであり、誰に対してであろうと、どのような場合でも嘘をついてはいけないからだ。

ついでに言えば、カントは、物事の結果というのはわからないものであり、その追っ手が家の中を探している内に友人は裏口から逃げ出しているかもしれないから、正直に答えても友人は死なないかもしれないと述べている。ドイツの家は大きいだろうからそういうこともあるかもしれない。だが、日本のワンルームマンションで、風呂場にも窓がないような場合、あまりそういう可能性はなさそうだ。

それはともかく、現代の功利主義は、二つの点で洗練されている。

一つは、功利主義的に行為するために、ひたすら最大多数の最大幸福のことばかり考えて行為する「功利主義マシーン」になる必要はないとする点だ。現代の功利主義者の多くは、家族への義務や、さまざまな道徳的規則を考慮しながら行為していれば、人々は結果的に功利主義的に行為することになる、と考えている。

かつてベンタムの弟子の一人のジョン・オースティン（一七九〇―一八五九）という功

利主義者は、この考えを次のように表現した。「健全で正統な功利主義者は、《彼氏が彼女にキスするさいには公共の福祉について考えていなければならない》などと主張したことも考えたこともない」。

功利主義者は年がら年じゅう、功利原理を用いて意思決定する必要はないとするこの考え方は、現在では「間接功利主義」と呼ばれる。それに対して、ゴドウィンは少なくとも最初のうちは、立派な功利主義者は最大多数の最大幸福について始終考えていなければならないと考えていたので「直接功利主義」の立場を取っていたと言える。初期のゴドウィンに言わせれば、恋人同士がキスする場合も、社会の幸福を考えてそうしなければならないのだ。読者も試しに二、三日やってみるとよいが、この立場を貫いて生きるのは相当大変である。

もう一つは、約束を守るとか嘘をつかないという義務の重要性は認めながらも、そうした義務を守ることが行き過ぎることがないように、功利主義の観点からチェックする必要がある、という立場を取っている点だ。このような、さまざまな道徳的規則や義務を守ることが社会全体の幸福に貢献するかどうかを評価し、貢献すると認められる規則や義務を二次的な規則として採用するという立場を、「規則功利主義」と呼ぶ。これらの規則や義務を「二次的」と呼ぶのは、功利原理という「第一原理」から派生するものと見なされるためである。これに対して、初期のゴドウィンや上で見たスマートは、道徳的規則や義務をあまり重視せず、あくまで個々の行為に対して功利主義的な評価を下さなければならないと考えていた。この立場は「行為功利主義」と呼ばれる。

†ミルの他者危害原則

ベンタムの弟子の一人であるJ・S・ミルのいわゆる他者危害原則は、規則功利主義者が支持する「二次的な規則」として理解することができる。他者危害原則とは、ミルが『自由論』で定式化した、次のような自由主義の大原則のことだ。

各人は他人に危害を与えないかぎり自由に行為することを許されるべきであり、たとえ他の人がある行為をすることが当人のためになると思ったからといって、それを当人の意思に反して押しつけることは許されない。

ミルはこのように述べ、個人の言論の自由や行動の自由を擁護した。一見すると、ミルは個人の自由を何よりも重視しているように思われる。これは、社会全体の幸福の増大を目指す功利主義の理念から逸脱しているように見えるかもしれない。行為功利主義者であれば、個々のケースを功利主義的に判断した場合、個人の自由を制限した方が社会全体の幸福にとってはよいこともあると主張するだろう。しかしミルは、そのようには考えなかった。むしろ、他人に危害を与えないかぎりにおいて個人の自由を保障するという規則を社会が採用した方が、個人の自由に絶えず介入しようとする社会よりも、長い目で見ると全体として大きな幸福が得られると考えたのだ。

二次的規則を重視するこの考え方は、ミルの『功利主義論』でも詳しく論じられている。つまり、ミルが考えていたのは、功利原理そのものを個々のケースに当てはめて考えるというよりは、功利主義の精神に則った道徳規則や法律を作るということが念頭にあったということだ。

†わら人形攻撃（非呪術）

一般に、功利主義の批判者は、功利主義を「行為功利主義」かつ「直接功利主義」、つまりフェヌロン大司教の例におけるゴドウィンのような立場を念頭に批判することが多い。

だが、それではわら人形攻撃になる可能性が高いのだ。わら人形攻撃とは、わら人形に釘を指すと本人が傷を負うという呪術的な攻撃の仕方を指すのではなく、本人を批判しているつもりで自分がこしらえた全くの別物（わら人形）を批判している事態を指す。つまり、相手の議論を戯画化するあまり、実は誰も採用していないような立場を批判するということだ。功利主義は誤解されることが多い立場なので、功利主義に対する批判は往々にしてこのわら人形攻撃になってしまっている。

現在の功利主義者の多くは、大なり小なり「規則功利主義」と「間接功利主義」の立場を取っている。つまり、彼らは普段、功利原理ではなく「約束を守る」「家族や友人を大事にする」「浮気はしない」などの道徳的義務や規則に従って行為しているので、功利主義的思考はほとんど表に出てこない。すると、賢明な読者は、こう突っ込みたくなるかもしれない。「それでは功利主義者ではない人の考え方と同じではないのか。そのいったいどこが功利主義的なのか」、と。

たしかに、ゴドウィンやスマートの功利主義に比べると、洗練された功利主義においては、功利主義的思考があまり顔を出してこない。ただし、功利主義者が功利主義的にふるまう状況もある。われわれが常識的に守っている道徳的規則や義務が功利主義的に見て望ましくない場合がそれである。次節ではそのような状況について見てみよう。

†公平性と「道徳的に重要な違い」

ここで少し公平性の話に戻ろう。公平性を重んじる功利主義の本当の意義を理解するには、「道徳的に重要な違い」という考えを知っておく必要がある。まず、次の問いを考えてみてほしい。

双子の一郎と次郎のケース：あなたの息子の一郎と次郎は双子で、二人は中学生だ。ある日、一郎が学校から帰ってきて、テストでよい成績を取ってきたと言うので、あなたは褒美に小遣いをあげたとする。すると、遅れて次郎も帰ってきて、テストで一郎と同じ成績を取ってきたと言う。そこで、あなたはどうすべきか。

当然、あなたは次郎にも一郎と同じだけの小遣いをあげるべきだろう。一郎は小遣いをもらい、次郎は小遣いをもらえないとなると、次郎は不公平だ差別だ児童虐待だと怒るだろう。これはつまり、二人の間には「道徳的に重要な違い」がないから、二人を同じように扱うべきなのだ。

では、次郎が先日、学校のトイレでたばこを吸っていて保護者のあなたが呼び出されたとか、前回のテストでは一郎と違って赤点を取ってやはりあなたが呼び出されたとか、そういう事情があるとどうだろうか。その場合には、次郎に今回は小遣いをやらないことが不公平ではなくなるかもしれない。二人の間にこうした「道徳的に重要な違い」があるのなら、二人を異なる仕方で扱うことが許されるだろう。

つまり、「道徳的に重要な違い」とは、その違いがあれば異なる仕方で扱うことが許され、その違いがなければ等しく扱うことが要求されるような違いのことだ。

何が「道徳的に重要な違い」であるのかという問いは、公平性を重んじる功利主義にとって、常に重要な問いであり続けてきた。歴史を振り返ると、功利主義は当時の人々が「道徳的に重要な違い」だと考えてきたものに常に挑戦状を突きつけ、論争を巻き起こしてきたと言える。

たとえばベンタムは、同性愛行為が犯罪とされていた時代にあって、異性愛と同性愛に道徳的に重要な違いを認めず、異性愛が合法なら同性愛も合法であるべきだと考えていた。また、動物の虐待が普通であった時代に、動物は大人の人間ほど理性的でないにしても人間と同様に苦痛を感じるという点で道徳的に重要な違いはなく、人間の虐待を禁じるなら動物の虐待も禁じるべきだと考えていた。ミルも同様だ。彼は男性と女性との間には道徳的に重要な違いはないと考え、女性の参政権を主張すると笑い物になるような時代に、男性だけでなく女性にも参政権を認めるべきだとはっきりと主張した。

この姿勢は現代でも変わらない。たとえばピーター・シンガーは、貧しい国の人々を助ける義務について論じている。今日の多くの人々は、家族や友人や、自国民を助ける義務は認めても、遠い国で飢えている人々を助ける義務はないと考えているだろう。つまり、身近な人と、そうでない人との間には、道徳的に重要な違いがあると考えている。だが、シンガーは、そこには道徳的に重要な違いはないと主張する。すなわち、シンガーは、われわれが自分の身の回りの人々を助ける義務を認めるなら、遠い国々で今にも飢餓や病気で死にかけている人々を助ける義務も認めなければおかしいと言うのだ。

また、彼は、動物の幸福について、ベンタムの主張をより大胆かつ実践的に論じている。彼は工場畜産や動物実験の禁止を唱え、われわれにベジタリアン（菜食主義者）になるよう要求する。人間を同意なく医学実験に使ったり、食べたりすることはないのに、動物に対してはそうしてよいと言えるには、人間と動物の間に道徳的に重要な違いがなければならないが、動物も人間と同様に苦しむのだから、このような違いは認められない、と彼は主張する。人間の利益だけを重視して、同じように苦痛を感じる動物を無視するのは「種差別」であり、これは過去に問題になった（また今日でも問題になっている）「人種差別」や「男女差別」と同じだというのだ。

貧しい国々の人の援助義務も、動物の福祉の問題も、シンガーの考え方は共通している。ゴドウィン流に言えば、われわれは身近な者に対する義務にばかり目がいって、公平な視点から物事を見ることを忘れているということだ。「最大多数の最大幸福」と言うとき、「最大多数」には誰が入るのか。公平性を重視する功利主義は、われわれの視野を広げることを要求する。われわれが「ここまでは道徳的な考慮に入れて、これ以外はそうしなくていいだろう」と何となく線引きしている事柄について、その線引きは本当に道徳的に重要な違いに基づいているのか、その線引きによって一部の人（や動物）の幸福や不幸を無視することにならないのか、とシンガーは問うのだ。

シンガーの議論について、詳しくは彼の著作を読むのが一番良いだろう。ここではひとまず話をまとめておこう。功利主義は公平性を重んじるが、あらゆる状況において身近な人々に対する義務を考慮に入れないというわけではない。むしろ現代の洗練された功利主義者は、身近な人に対する義務や約束を守る義務など、常識的な道徳的規則や義務が功利主義的に見て望ましい場合はそれに従って行為する。しかし、そうでない場合、つまり、常識的な規則や義務が、功利主義的に見て一部の人を不公平に扱っていると思われる場合には、それを変革することを要求するのだ。

第5章 公共政策と功利主義的思考

†歴史的背景

功利主義が最初に提唱されたのは、産業革命が進行中で社会が大きく変わりつつあった英国であった。それは、新しい時代にふさわしい社会改革を行なうべく提示されたものだった。ベンタムは当時の社会状況を、既得権を守ろうとする上流階級がそれ以外の人々(中産階級や労働者)を不当に虐《しいた》げているものと考え、「最大多数の最大幸福」のために議会や選挙制度の改正など多くの改革案を提言した。彼自身は政治家ではなかった。だが、「哲学的急進派」と呼ばれる彼の弟子筋の政治家たちが十九世紀初頭に活躍して、選挙法の改正を始め多くの法律が成立するのに一役買った。

「最大多数の最大幸福」をスローガンとする功利主義が、より多くの人々が幸福に暮らす社会を作るための改革の思想であったことを忘れないでほしい。今日においては、「最大多数の最大幸福」というスローガンは、ややもすると「少数派の犠牲の上に多数派が幸福になるための思想」と理解されがちだが、元々の精神はそれとは正反対のものである。むしろ功利主義は、政策決定において、それまでほとんど無視されていた労働者、奴隷、女性など、多くの人々の幸福も等しく考慮に入れるべきだと主張する立場だった。その意味では、功利主義は包摂的な立場である。この精神を見失ってはならない。功利主義はわれわれが見て見ぬ振りをしがちな社会的弱者の幸福にも配慮することをわれわれに要求するのだ。

ベンタムにとっては、「倫理」は個人の道徳と、政治や立法の両方を意味していた。そして、ベンタムの主著『道徳および立法の諸原理序説』という書名に示されているように、功利主義はそのどちらについても使えるものだった。本書では、これまで主に個人がよく生きるための指針としての功利主義について考えてきた。本章では、公共政策における功利主義的思考について見てみよう。

†現代の公共政策における功利主義的思考

現代でも、政治や公共政策における功利主義的発想はさまざまなところで垣間《かいま》見ることができる。たとえば、第2章で見たように菅直人元首相は、「最小不幸社会」という言葉を政治信条にしている。菅元首相によれば、何が幸福かについては人それぞれ考え方が異なるため、国家は介入すべきではなく、各個人に任せておくべきである。しかし、不幸は幸福ほど多様ではなく、病気や貧困が人々を不幸にすることは明らかだ。そこから、政治は幸福の増進よりは不幸の削減を目的とし、「最小不幸社会」を目指すべきだという考え方が出てくる。これは、科学哲学者として有名なカール・ポパーも支持した「消極的功利主義」という発想に近い。さらに今日では、「最大多数の最大幸福」という功利主義のスローガンそのものを唱える政治家や政治団体も現れている。

また、たとえば災害医療や救急医療では「トリアージ」が用いられることがあるが、これも功利主義的発想に基づくと言える。トリアージとは、災害などで大勢の負傷者が出た場合に、「どの患者を優先的に病院に運んだり、治療を行なったりすべきか」を決めるための選別作業のことを指す。日本ではJR福知山線の脱線事故や秋葉原の通り魔事件などで使われていたことで一般に知られるようになった。

もう少し詳しく説明しよう。トリアージの基本的な発想は、治療を必要とする患者を緊急度に応じて選別し、病院への搬送や治療を行なう優先順位を決めるというものだ。ただちに治療しなければ命にかかわる緊急度の高い患者は赤色タグ、それほど緊急ではないが早めに治療を行なうべき患者は黄色タグ、軽傷の場合などすぐに治療を行なう必要のない患者は緑色タグ、そして、すでに死んでいるか治療が不可能な患者は黒色タグを付け、通常は赤色から優先的に搬送や治療を行なう。

一見するとトリアージは人命に順番を付けるようで非情な発想に思える。しかし、このような順位付けを行なわなければ、軽傷の者を治療している間に重症の患者が亡くなるなどして、助けられたはずの人命が失われてしまう可能性が高い。言いかえると、可能なかぎり多くの人命を救うために、トリアージというプロセスが必要なのだ。大阪府医師会の「災害時における医療施設の行動基準」でも次のように紹介されているように、このトリアージの考え方の背景には功利主義的な発想がある。

災害医療の目標は、「負傷者の最大多数に対して、最良の結果を生み出す」ことである。そのために重要なことは、助けうる負傷者に対して適切な医療を提供し救命することであり、救命の可能性が乏しい負傷者に対して人的、物的医療資源や時間を無駄に費やさないことである。

もう一つ、先の大震災で有名になった三陸地方の「津波てんでんこ」の教えも功利主義的なものとして理解できる。これは、津波が迫っているときには、他人を助けることよりも自分の命を最優先して、各自てんでんばらばらに高台に向かって逃げよ、という教えである。他人よりも自分の命を優先せよというのは、一見利己的な教えのように思える。だが、時間が限られている状況の中で、どこにいるかわからない家族や友人を助けるために家や学校に戻るならば、共倒れになる可能性が高い。むしろ、みなが津波てんでんこの教えに従って行動した方が、より大勢の人が助かる可能性が高い。トリアージと同様、より多くの人を助けるためには、みながこのようなルールを守って行動することが望ましいと考えられるのだ。

このように、功利主義は、政治信条や資源配分や緊急避難時の方針として、今日でもその実例を見ることができる。しかし、公共政策において功利主義的思考を用いることについては、次に見るような批判がある。

†功利主義と分配的正義

高名な政治哲学者のジョン・ロールズ(一九二一—二〇〇二)は、主著『正義論』の中で、「功利主義は人格の個別性を無視する」という、いささかわかりにくい表現を使って功利主義を批判した。加藤尚武は、これを言い換えて、「功利主義はどんぶり勘定なのでどんな不正義でも許されてしまう」と表現している。つまり、人々の幸福を総和して最大化することを目指す功利主義においては、多数者の幸福のために一部の少数者が犠牲になっても構わないと判断されるというのだ。これはベンタムの時代からすでに出ていた批判だが、ロールズが改めて指摘したことで、今日では功利主義に対する最も強力な批判として認識されるようになった。

このような批判は現実の政治においても見られる。たとえば菅直人元首相の「最小不幸社会」という功利主義的な発想に対して、社民党の福島瑞穂党首は次のように批判した。

◇不幸をしわ寄せ ▼社民党・福島瑞穂党首（青森県三沢市での記者会見で）消費税値上げはとりわけ中低所得者に厳しい。首相は「最小不幸社会」というより、「不幸しわ寄せ社会」をつくっていこうとしているんじゃないか。米軍基地も核燃（料再処理）施設も原子力発電所も、どこかに集中させていこうとしている。（「時事通信」二〇一〇年七月五日付）

「一部の人に過剰な負担をさせることにより、別の人々が幸福になるのは誤っている」という福島党首の主張は、まさに功利主義に対するロールズ的な批判だと言える。

このような批判に対して、功利主義の側からはどのように応答できるだろうか。さしあたり、二つの応答が考えられる。

一つは、特定の人や集団の犠牲の上に多数者が幸福になるような社会は、長い目で見れば全体の幸福の最大化にはつながらないと主張することだ。たとえば第二次世界大戦中に行なわれたように、医学の進歩のために一部の人々の人権を無視して人体実験をすれば、短期的には医学の進歩は速まるかもしれない。しかし、それは結局のところ、医学に対する不信を生み出してしまい、医学研究に対する市民の協力を得るのが難しくなるだろう。つまり、長い目で見れば人権を尊重しない研究は、医学の進歩にとってマイナスになると考えられるのだ。

ここで功利主義を批判する人は、「功利主義者なら、政府が秘密の地下施設を作って、警察やマスコミにばれないように一部の人をさらってきて、人体実験をすることを認めるのではないか」と言うかもしれない。これは一見妙案に見えるかもしれない。だが、功利主義者はさまざまな政策のメリットとデメリットを比較衡量して、他のものより良い帰結を持つ政策を選ぶべきだ。「地下室における秘密の人体実験」が公《おおやけ》になったら、医学研究者だけでなく、政府に対する信頼も失墜するだろう。そうしたデメリットを考えれば、秘密の地下施設の秘密度を高める努力をするよりも、医学研究を公明正大に促進する政策を考えた方がずっとましである。それゆえ、功利主義者にとっても、一部の人に過剰な負担をさせたり、それを秘密裏に実施したりするような政策はまず支持できない。

そこで、上で福島党首が批判しているように民主党の政策が一部の人に不幸のしわ寄せを作っているとしたら、その政策は功利主義的に見てまだ十分に練れていないということになるだろう。

功利主義は一部の人を犠牲にするという批判へのもう一つの応答は、第4章で説明したように、政策を作るさいに指針となる二次的な規則を作ることだ。先の医学研究の話に戻ると、第二次世界大戦中に行なわれた人体実験の反省を受け、世界医師会は一九六四年にヘルシンキ宣言（人間を対象とする医学研究の倫理的原則）を作った。その序文では、医学研究においては「個々の研究被験者の福祉が他のすべての利益よりも優先されなければならない」という原則を守るべきことが謳われている。これは一見すると功利主義とは相反するものに見えるかもしれない。しかし、ヘルシンキ宣言で述べられている原則を守った方が、長期的には医学の健全な発展を通じて人々の幸福をより増大させると考えられるかぎり、功利主義者はこの原則を支持するだろう。

加えて述べておくと、ベンタムやミルも、功利主義的政策を実施するさいの二次的な規則が必要だと考えていた。ベンタムは政府の追求すべき目的として、生存と安全を保障すること、豊かさと平等の追求という四つの目的を掲げていた。そして、優先すべきなのは人々の生存と安全をまず等しく保障することであり、豊かさと経済的な平等はそれらが満たされてから初めて配慮すべきだとした。ミルも、他人に危害を与えないかぎりで個人の自由を最大限に保障すべきだという原則を主張していた。

第4章で見たように、個々の政策を作るさいに常に最大多数の最大幸福を目指して功利計算を行なうというのではなく、個々の政策を策定するさいの基本原則となる二次的規則を作るために功利原理を用いるべきという考え方は「規則功利主義」と呼ばれる。功利主義に対しては分配の配慮が足りないという批判がよくなされるが、洗練された功利主義においては、この批判に対する応答が準備されていると言える。功利主義を批判したい人は、この応答を踏まえたうえでさらに強力な批判を用意する必要があるだろう。

†功利主義と自由主義

こう述べると、功利主義は政策レベルでは個人の人権を尊重する自由主義を支持するものであり、個人の権利を重視するジョン・ロック（一六三二―一七〇四）やロールズの自由主義とあまり違わないように思われてくる。実際その通りで、功利主義はほとんどの場合において自由主義的な政策を支持するだろう。それでは、両者の違いは何なのかとあえて問うならば、次のように指摘できるだろう。

ロック流の自由主義によれば、われわれは生まれながらに自由権や所有権などのいくつかの権利（自然権）を持っており、他の人々の権利と両立する限りでそれを行使することが許される。そして、政府は個人の自由や権利を保障するために設立されたと考える。これは米国の独立宣言にもある考え方だ。

一方、ミル流の自由主義によっても、個人の自由は最大限保障される。ただし、その基本となる発想が異なる。ミルが個人の自由を尊重せよというのは、われわれが最初から自由権を持っているからではない。個人の自由を保障した方が、長期的に見て社会全体が幸福になるという理由からだ。この意味で、功利主義においては自由の価値は、社会全体の幸福の価値から派生するものと言える。第4章で、他者危害原則は功利原理から導出される二次的規則だと述べたのも、そうした理由からである。

さて、自然権の思想には少なくとも二つ問題があるように思われる。一つは、われわれに法的な権利と区別された「自然の権利」が存在するという主張は立派だが、その根拠を示すのが難しいということだ。アメリカ独立革命やフランス革命を同時代の出来事として経験したベンタムは、自然権や社会契約説は混乱した考え方であり、革命や動乱を引き起こす有害なフィクションだと強く批判していた。

もう一つは、一つ目と関連するがより実践的な問題として、自然権を認める対象の範囲が明確でなく、その適切な範囲について議論するのも難しいということだ。たとえば、受精卵に「自然権」はあるのか。同性愛者に結婚する「自然権」はあるのか。チンパンジーのような動物にも「自然権」はあるのか。こうした問いはいくら議論しても解決できないため、法律や政策をその帰結によって評価する功利主義の方が優れているというのがベンタムの主張であった。

第1章ではミルの「自然論」を紹介したが、功利主義者は概して「〜は自然だから、そうすべきだ」という発想に批判的だ。道徳や法律を自然法や自然権に基礎づける自然法思想と、それを批判する功利主義の争いは、その後も今日まで続いている。

まとめると、功利主義者は自由主義を擁護するが、その際に次の点に注意すべきだと考えている。（1）目的手段関係。個人の自由の保障はあくまで個人および社会の幸福のための手段であり、それ自体を金科玉条にしてはいけない。（２）実証性。功利主義においては、複数の政策のなかから、帰結がより優れたものを選ぶべきである。（３）包摂性。政策を実行するうえで、幸福を無視されている存在はないか。たとえば一部の少数派グループの幸福は意図的に無視されていないか。

†功利主義の二つの顔

ここまで、公共政策における功利主義を自由主義的なものとして理解して説明してきた。しかし、功利主義は伝統的には人権を無視する反自由主義的な理論と考えられる傾向にあったのも事実だ。たとえば、近年のベンタム研究者にも二種類いて、ベンタムの功利主義は権威主義的だと言う人と、彼の功利主義は自由主義的だと言う人がいる。

ベンタムは権威主義的だと言う論者は、人々を幸福にするという使命に燃える功利主義的な立法者が、人々を教育し指導するための制度や法律を作るという側面を強調する。そして、この支配者はしばしば人々の権利を無視してその生活に干渉すると考える。

それに対して、ベンタムの自由主義的側面を強調する論者は、ベンタムは個人主義的であり、当人が適切だと考える仕方で個々人の幸福追求を促進するような制度設計を構想していたと主張する。

権威主義と自由主義というこの二つの理解の仕方は、ベンタムの思想だけでなく功利主義一般についても同様に当てはまるだろう。実際のところ、功利主義者の中には、権威主義的な傾向が強い者と自由主義的な傾向が強い者の両方がいたように思われる。この点は公共政策における功利主義的思考のあり方を考えるうえで重要なので、本章の残りで詳しく説明してみたいと思う。

そこで、この対比を具体的に説明するために、権威主義的な志向を象徴する存在として、エドウィン・チャドウィック（一八〇〇―一八九〇）の公衆衛生に関する思想を取り上げ、自由主義的な志向を代表するものとして、同じテーマに関するJ・S・ミルの考えを見る。最初に、多くの読者はあまり知らないと思われる「公衆衛生」という言葉から説明を始めよう。

†「公衆衛生」とは

「公衆衛生」という言葉を聞いて、読者はどのようなイメージを持つだろうか。以前、この質問を看護学校の学生に尋ねたところ、返ってきた答えは「公衆トイレ」だった。たしかに最近「公衆」という言葉を用いることが少ないので、この言葉から思い付くのはせいぜい公衆トイレや公衆浴場ぐらいだろう。「衛生」という言葉も、現在では「衛生的」「衛生上」ぐらいでしか用いられず、なにか清潔さと関係するんだろうぐらいのイメージしかないだろう。

英語では公衆衛生はPublic HealthあるいはPublic's Healthと言う。「公衆衛生」と漢字で書くより、英語の方がずっとわかりやすい。公衆衛生は平たく言えば「みんなの健康」を守るということだ。衛生の「衛」は、衛兵と同じで「衛《まも》る」という意味だ。たとえば、予防接種やがん検診のように、人々が病気にならないよう予防的な介入を行なうことは、公衆衛生活動である。日本では、学校保健、母子保健、産業保健など、「保健」という言葉もよく使われるが、これも公衆衛生の一部である。また、近年では健康増進法やメタボ健診なども話題になったが、これらも公衆衛生活動の一部だ。このような予防を中心とする公衆衛生活動は、病気になった個人を病院で診察・治療する通常の医療と対比されることが多い。

公衆衛生は「みんなの健康」を守るために健康な個人の生活に介入するものであるという意味で、倫理学や政治哲学的にとても興味深い領域なのだが、日本では公衆衛生という分野があまり認知されていないせいか、規範理論の観点から論じられることが少ない。そこで以下では公衆衛生というあまり聞きなれない学問と実践の領域が、功利主義と深い関係にあり、また現在とてもおもしろい研究分野であることを示すことにしよう。

✝公衆衛生と功利主義

二〇一二年は英国の文豪チャールズ・ディケンズの生誕二百周年だ。彼の『オリバー・ツイスト』や『クリスマス・キャロル』などの小説の舞台になっているのは、まさに近代の公衆衛生が生まれようとしていた十九世紀前半の英国社会である。この時期、英国では産業革命の影響によって大量の労働者が都市に流入し、その住環境や工場の衛生状態が社会問題になっていた。十九世紀以降、ロンドンやマンチェスターやリバプールといった都市に貧民街が形成されるようになり、労働者は想像を絶するほど劣悪な環境下で生活していたのだ。

たとえば、ロンドンで主にアイルランド人が住んでいたSt. Gilesのチャーチ・レーンという通りの統計を見てみよう。この通りでは、一八四一年には二七の家屋(平均五室)に六五五人が住んでいた。単純計算すると一家屋に約二四人、一部屋に約五人が住んでいたことになる。アイルランドで一八四五年から一八四六年に起きたいわゆるジャガイモ飢饉の後にはさらに人口が増え、一八四七年には同じところに一〇九五人、すなわち一家屋四〇人以上、一部屋に約八人が住んでいたことになる。このような貧民街では下水道の整備も遅れていたため、ごみや汚物は桶で外の広場に捨てられ、山積みになって悪臭を放っていた。

都市人口の増大と不潔な衛生環境が原因となり、十九世紀にはコレラが流行し、結核やチフスも猛威をふるった。それだけではなく、労働者の「道徳的退廃」も問題になった。工場や炭鉱で働く労働者たちは劣悪な環境下での仕事に耐えるために、朝からジンやビールを飲み、興奮剤として嗅ぎたばこを使用していた。また、「リバプールのある地下室では、母親とその成人した娘たちが、地下室の一隅で床の上のもみがらのベッドで眠り、他の隅には三人の水夫がそのベッドを占めている」というように、「労働階級の住居においては、兄弟、姉妹、および男女の同居人が、両親と同じ寝室を占めており、人道的に、見るだけで身震いする結果」が起きていたという。

一八三三年の工場法や一八三四年の救貧法改正、および一八四八年の公衆衛生法を代表とする十九世紀前半の立法は、産業革命によって生じたこうした社会問題に対応するためになされた。これらの動きに大きくかかわっていたのが、ベンタムの弟子の一人であるエドウィン・チャドウィックだ。

†チャドウィック

チャドウィックはちょうど一八〇〇年に生まれた。ロンドンで弁護士になる勉強をしていたところ、一八二〇年代の終わりごろに晩年のベンタムの知遇を得ることになる。ベンタムはチャドウィックを一八三一年に秘書として雇い、一八二〇年代から書き始めていた『憲法典』の編纂に当たらせた。

ベンタム以前の公衆衛生行政は、もっぱら全国で一万五〇〇〇以上ある教区（自治体）ごとにバラバラに行なわれていた。医学史家のローゼンは「国家レベルでの保健問題を担当する中央行政機関はなく、また組織的な保健計画を基礎づける政策にもこれといったものがなかった」と述べている。ベンタムは市民の幸福を最大限に実現する政府を作るために、『憲法典』で「保健省」の創設を提案し、中央集権による効率的な公衆衛生のビジョンを提示した。

ベンタムは一八三二年に八四歳で亡くなるが、その後、哲学的急進派と呼ばれる多くの弟子たちが彼の思想を実践していくことになる。そのなかで、チャドウィックはベンタムの公衆衛生に関する思想を行政官として実現しようとした人だったと言える。彼は議会によって設立された委員会において、労働階級の健康状態について綿密な実態調査を行ない、その現状を世に広く知らせるとともに、ベンタムの思想に基づく形で改革の方向性を示した。

チャドウィックの業績として特によく知られているのが『大英帝国における労働人口集団の衛生状態』（一八四二）という報告書だ。本報告書では、労働者の劣悪な住環境や労働環境が、高い疾病率や死亡率につながっており、これが大きな経済的損失を生み出すとともに道徳的退廃を引き起こしていることが論じられている。また、現行の教区任せの公衆衛生行政ではなく、中央集権に基づく標準化された制度へと改革する必要性が説かれている。チャドウィックは、統計的な数字を示すだけでなく具体例を交えた読み物として書く技術を心得ていたため、この報告書は政府の報告書としては異例の売れ行きを見せたという。上述の労働者の生活についての記述も、主に本報告書によるものだ。

『大英帝国における労働人口集団の衛生状態』の勧告に基づき、一八四八年に英国初の公衆衛生法が作られた。チャドウィックやサウスウッド＝スミスらのベンタム主義者は、公衆衛生法に基づき政府に設置された保健総局の中心メンバーとなり、大都市の衛生改善の指導、運営等を行なうとともに、地方の保健局を設立し、衛生改善の助言や指導を行なった。

チャドウィックは、科学的知識を持った専門家による統治、中央による地方政府の統制、環境が人の健康に影響を与えるという衛生思想の三つの原則が重要だと考え、これらの原則に基づいて公衆衛生行政を行なおうとした。実は、チャドウィックやその同僚たちは、コレラやチフスなどの病気は、細菌によって人から人へと伝染するのではなく、腐敗した動植物から出る瘴気（ミアズマ）を吸うことによって感染する、という誤った医学的見解を抱いていた。これは医学史においてはよく知られていることだが、コッホによってコレラや結核などの原因が細菌であることがわかるのは十九世紀後半、つまりチャドウィックらが活躍した半世紀も後だから、これは仕方のないことであった。しかし、労働者の健康状態の改善には、労働者の生活環境を改善する必要があるというチャドウィックの衛生思想そのものは大筋で正しかったと言える。コレラの原因が瘴気であろうが細菌であろうが、住居や職場の衛生状態を改善し、通りの糞尿を清掃すれば、感染は防げるはずなのだ。

またチャドウィックは、公衆衛生活動で重要なのは医学ではなく工学だと考えていた点でも特徴的であった。たとえば彼は、医学的知識よりも上下水道のシステム設計の知識が公衆衛生にとって重要だとして、次のように述べた。「給水と下水工事の改良による排水や街路と家屋の清掃でもっとも重要な予防法、とくに一切の有害な汚物を町から除去する安価で効率的な方法は、医師ではなく土木工学者の科学的助言によらねばならない。医師の任務は、適切な行政措置が行なわれていない結果生じた疾病を検診し、犠牲者の医療に当たればよいのである」。チャドウィックは、公衆衛生上の問題は工学的手法あるいは都市設計によって解決し、医師は病気になった人の治療に専念すればよい、という基本的発想を持っていた。

このように公衆衛生法ができ、チャドウィックやその同僚たちは先進的な思想を持っていたものの、彼らの公衆衛生行政は実際にはうまく行かなかった。労働者の健康状態の改善や疾病予防を目的とした中央政府から地方当局への介入は、権威主義的だとして批判されたばかりでなく、住居や工場への政府の介入は私有財産や個人の自由に対する不当な介入だと批判されたのだ。

自分の正しさを信じて疑わないチャドウィックは、こうした批判をものともせず、一切の妥協を排し、その結果あらゆる方面で敵を作った。そのため、公衆衛生行政に対する批判は、主にチャドウィックへの個人攻撃の形を取った。当時の『エコノミスト』では、チャドウィックは次のように批判された。「彼は本質的に専制君主で、官僚なのだ。彼は人民はよく管理されるべきだと思っているが、彼らが自ら統治する可能性を持っていることを信じない。彼は、彼ら自身のために強制するのだ」。要するに、労働者の健康と幸福のためを思ってなされたはずのチャドウィックの活動は、当の労働者たちから余計なお世話だとして非難されたのだ。

このように当人の意向に関わりなく、当人の利益のために代理で意思決定したり行為したりすることを「パターナリズム」と呼ぶ。パターナリズムは父権主義とも訳されるように、愛情に溢れた親が子どものために代理で意思決定を行なうときの態度を指す。このような態度は、相手が子どもであればとくに問題はない。だが、相手が立派な大人であれば、余計なおせっかいどころか個人の自由の侵害にさえなりかねない。「彼ら自身のために強制する」と揶揄されたチャドウィックの姿勢は、労働者たちの目にはまさにパターナリスティックに映ったのだった。

このような批判を受け、一八五三年に保健総局は閉鎖され、チャドウィックは五四歳で事実上引退に追い込まれた。この後、一八七五年の公衆衛生法でチャドウィックが望んでいた中央集権的な公衆衛生行政のシステムが確立され、一九一八年には保健省が設立されるが、一八九〇年に亡くなったチャドウィックはそのいずれにも関与していない。

以上、チャドウィックが英国近代における公衆衛生の発展に与えた影響を簡単に見た。よかれあしかれ、チャドウィックの公衆衛生活動は、功利主義の一つの志向、つまり権威主義的でパターナリスティックな側面を示していたと思われる。

†J・S・ミル

一八〇六年に生まれたミルは、チャドウィックと同時代人であり、やはりベンタムの弟子の一人だった。ミルの生涯もゴドウィンに劣らず波乱に満ちていておもしろい。だが、父親による超英才教育だとか「精神の危機」だとか人妻ハリエット・テイラーとの恋愛だとかについて話し出すと大幅な脱線になるため、ここでは省略して先に進もう。

ミルはチャドウィックの公衆衛生活動を高く評価していたが、少なくとも次の二つの点でチャドウィックとは対照的な考えを持っていた。

第一にミルは、中央集権や官僚制が人々の精神に影響を及ぼすことを強く批判していた。すなわち、中央政府が個人や地方政府に代わって箸《はし》の上げ下げまで指示するようになると、自主独立の気風が失われ、結果的に人々の個性の開花や社会の発展が停滞してしまうとミルは考えたのだ。彼は官僚制が発達したロシアがその典型だとして、英国もこのようになる可能性があると警鐘を鳴らしている。それゆえ、「能率と矛盾しないかぎりでの権力の最大限の分散、しかし可能な最大限の情報の集中化とそれの中央からの拡散」が、あるべき中央と地方の関係だと考えていた。

第二にミルは、個人の利益は当人自身が一番よく配慮することができると考えていた。そのため、公衆衛生活動も、パターナリズムではなく、他者への危害の防止という根拠に基づいて行なうべきだと考えていた。ミルの他者危害原則については第4章ですでに見たが、彼の文章を引用して確認しておこう。彼は『自由論』で次のように述べた。

文明社会の成員に対し、彼の意志に反して、正当に権力を行使し得る唯一の目的は、他人に対する危害の防止である。彼自身の物質的あるいは道徳的な善は、十分な理由にはならない。そうする方が彼のためによいだろうとか、彼をもっと幸せにするだろうとか、他の人々の意見によれば、そうすることが賢明であり正しくさえあるからといって、彼になんらかの行動や抑制を強制することは、正当ではあり得ない。

つまり、子どもや野蛮人ならいざ知らず、大の大人をつかまえて、彼にある行為を強制したり、禁止したりすることができるのは、その行為が他人に危害を加える場合に限られるというのだ。

ミルは公衆衛生についてまとまった論文や著書を書いてはいないが、公衆衛生活動が個人の生活に立ち入ることのできる限界についても、同様に明確な線を引いている。彼は次のように述べる。「公衆衛生に関する法の本来の目的は、人々が自らの健康に留意するように強要することではなく、人々が他者の健康に危害を加えるのを防止することである。もし彼らが自分の健康のためだけに行なうべきことを法によって命じるならば、当然、大半の人々はそれを圧政そのものと見なすであろう」。つまり、公衆衛生活動の目的は、当人の健康のためではなく、他人に危害を与えないためだというのだ。

ミルは具体例として、酔っぱらいの扱いについて考察している。ミルによれば、かつて酔っぱらって他人に危害を加えたことがある人に対しては、酔っぱらうことに関して規制を加えたり、処罰したりすることが正当化される。また、酒場では犯罪行為が起きやすいため、公共の秩序を守るための酒類の販売のライセンス化も正当化される。

ところが、「これ以上のいかなる制限も、原則として、私は正当だとは思わない」とミルは述べる。たとえば、ビールやアルコール類を売る店への出入りをもっと困難にして、誘惑の機会を減らすという目的のために、これらの店の数を制限するようなことは認められない。なぜなら、「それは、労働者階級がはっきりと子供か野蛮人として取り扱われ、将来自由の特権を認められるにふさわしいものとするために、束縛の教育を受けているような社会の状態にのみふさわしいもの」だからだ。つまり、立派な大人を「彼ら自身のために強制する」ことは認められないと言うのだ。

このように、ミルの公衆衛生活動は、個人の自由と地方自治の双方を十分に尊重したものになる。これは、上述した功利主義のもう一つの側面である、自由主義的志向を反映したものだと言える。

以上、公衆衛生というテーマに関して、功利主義者の間でもチャドウィックのように権威主義的な立場と、ミルのように自由主義的な立場に分かれることを見てきた。今日では、権威主義やパターナリズムが不人気であることもあり、チャドウィック流の権威主義的なものではなく、ミルのように自由主義を基礎付けるものとして功利主義を理解する立場の方が現代では主流となっている。

しかし、実は、ミルの立場だとあまりに個人の自由を尊重しすぎており、現在の公衆衛生活動の多くを正当化することができなくなる可能性がある。そのため、公共政策としての功利主義は、ミルの立場を何らかの形で「乗り越える」必要があると思われる。そこで、この章の残りで、現在の公衆衛生の倫理学とその課題について素描し、筆者が考える方向性を簡単に示しておこう。

†公衆衛生の倫理学

イギリスやアメリカでは、二〇〇〇年前後から公衆衛生の倫理的側面に注目が集まっている。その理由として、次の二点が挙げられる。

一つは、感染症に対する関心の復活だ。「感染症に関する本は閉じるときが来た」。一九六七年に米国公衆衛生局長官がこう述べたとされる。この発言に象徴されるように、以前は死病として恐れられた結核をはじめとする感染症は、第二次世界大戦後にワクチンや治療薬の開発と普及が進んだことにより、少なくとも先進国においては最も恐るべき疾病ではなくなったはずだった。

しかしその後、ＨＩＶ／ＡＩＤＳの流行や、ＳＡＲＳや新型インフルエンザなどの新たな感染症が出現してきた。また、温暖化の影響で感染地域が拡大したマラリアや従来の治療薬が効かなくなった多剤耐性結核など、旧来の感染症の脅威も高まってきた。

感染症の場合、他人への感染を防ぐために強制入院や隔離措置を行なったり、接触者の追跡調査をしたり、また場合によっては特定集団へのワクチン接種を義務化したりと、集団防衛のために、さまざまな形で個人の自由を制限する必要が生じる。そこで、個人の自由が最大限尊重される自由主義社会において、このような制限がどこまで正当化されるのかという問いが重要になってきたのだ。

第二に、医学研究の進歩による考え方の変化が指摘できる。かつては脳卒中、がん、心臓病は「三大成人病」と呼ばれていた。これらの病気に「成人病」という名前が付いていたのは、成人して年を取ったら誰でも自然になる病気と考えられていたからだ。つまり、病気の原因は加齢であり、年を取るのは仕方がないことなので、健診・検診などによってなるべく早く病気を見つけて治療を開始しましょう、という「早期発見・早期治療」が主な対策だったのだ。

ところが、その後の医学研究の進展により、こうした病気は食生活や睡眠・運動習慣といった生活習慣（ライフスタイル）にも大きく関係することがわかると、成人病に代わって「生活習慣病」という呼び方が用いられるようになり、病気にならないための健康増進活動が重視されるようになった。すると、人々には従来のように健診・検診を受けることだけでなく、喫煙や飲酒のような生活習慣を改善することも求められるようになる。つまり、公衆衛生活動は個人のライフスタイルにこれまで以上に干渉することになったのだ。中年以上の読者であれば、「健康増進法」や「メタボ健診」などにより、この経緯について肌で実感している人も多いだろう。ここでもまた、どこまで病気の予防や健康増進といった目的のために個人の自由を制限することが許されるかという問いが生じることになる。

このように、感染症対策と健康増進活動の進展に伴い、以前にも増して公衆衛生活動が個人の自由と衝突する可能性がでてきた。公衆衛生を理由に個人の自由を制限することはどの程度までなら許容されるのか。この問いについて規範的な検討が必要だということから、公衆衛生の倫理学という領域が生まれてきた。この分野は、病院における医師と患者の関係を前提とする「医療倫理」とは別の領域として認知されつつある。

†介入はどこまで許されるか

上述したように、公衆衛生の倫理学の重要な問いは、個人の自由を尊重する社会において、公衆衛生（みんなの健康）を守るために個人の生活に介入することは、どの程度まで許されるか、というものだ。

ミルの他者危害原則に従えば、この問いに対する答えは、他人に危害を加えない限り、健康に関わる個人の行動は自由だというものだろう。だが、そうすると、現在行なわれている多くの公衆衛生活動は実施できなくなる。

たとえば麻薬などの薬物規制は、今日の公衆衛生活動の一つであり、所有や使用が禁止されているものも多い。しかし、ミルの立場だと、麻薬を使用している人が他者に危害を加えない限りは、その人に注意したり説得したり試みることはできるものの、薬物使用を禁止したり罰したりすることはできないことになる。

このように、一見したところ魅力的なミルの立場は、公衆衛生という政府の重要な仕事に関しては、大きな足枷《あしかせ》になりうる。このミルの立場をどう乗り越えるか（あるいは乗り越えずに公衆衛生活動を大幅に制限するか）が、当面のところ公衆衛生の倫理学の最大の課題となっている。この問いは理論的にも実践的にも重要であるため、今日、多くの研究者の注目を集めている。先に筆者が「公衆衛生というあまり聞きなれない学問と実践の領域が、功利主義と深い関係にあり、また現在とてもおもしろい研究分野である」と述べたのは、この領域がこのような状況にあるからだ。

さて、上記のように、功利主義的な公衆衛生活動には二つの志向があった。筆者は、チャドウィックが体現していると考えられる権威主義的な公衆衛生活動は今日においては現実的ではないと考える。そこで、ミルの自由主義的な公衆衛生活動を修正することにより、現代の公衆衛生活動を基礎づける規範理論を提示したい。

人間はどこまで合理的か

近年注目を集めている政治哲学的な立場に、リバタリアン・パターナリズムがある。これは、政府は人々が自らの最善の利益を追求できるように配慮するが、あくまで強制はせず、各人が異なる選択肢を選べる自由を保障するというものだ。セーラーとサンスティーンがこの立場を「ナッジ」と呼んで有名になった。ナッジとは「肘《ひじ》でつっつく」とか「背中を押す」という意味だ。ナッジと聞くと、モンティ・パイソンの有名なスケッチを思い出す人もいるだろう（知らない人はYouTubeで見てほしい）。パターナリズムは本人の意思に反して何かを強制的にやらせるというイメージが強いが、ナッジはある行為を強制するのではなくそれを選ぶようにうまく誘導するというイメージだ。

リバタリアン・パターナリズムは一見してミルの自由主義の立場に近いが、ミルにはあまり見られなかった興味深い視点があるので、それを紹介しよう。

リバタリアン・パターナリズムは、「人間はあまり合理的に行動しない」という仮定から出発している。たしかにこれはわれわれの実感に合っている。経済学者が前提する古典的な人間像は、「どうすれば自分の幸福を最大化できるか」ということをいつも考えながら思慮深く行動している人である。しかし、現実にはこんな人はあまりいないだろう。多くの場合、われわれは冷静に考えれば選ばないであろう行動をその場の勢いでつい選んでしまうものだ。

とりわけこの傾向が顕著だとされるのは、健康行動である。たとえば、やせたいと思っているにもかかわらず、コンビニのレジの前にチョコレートが置いてあればついそれを買ってしまう。また、体調が悪くて今日は飲酒はやめておこうと思っていても、夜の飲み会で「生中《なまちゅう》の人、手を挙げて」と言われると周りの人につられてつい手を挙げてしまう。そしてこうした行動は、ほとんど意識されないままになされるのだ。

われわれが健康行動においてこのように不合理な行動をしてしまうのはなぜなのだろうか。一つには、われわれはしばしば現在の快苦を過大評価する傾向にあるためだろう。たとえば、食べ過ぎたり飲み過ぎたりすると、将来、肥満や痛風に悩まされる可能性があるとわかっていても、健康に関する行動の帰結の多くは年単位の間を置いて現れるため、その苦痛は軽く見積もられてしまう。現在の快苦を過大評価し、将来の快苦を過少評価するこのような傾向は、心理学では現在バイアスと呼ばれる。

また一つには、広告会社や小売店がわれわれの理性ではなく情動に働きかける宣伝を行ない、われわれはあまり考えることなしにそれに影響を受けた飲食習慣を形成しているからだろう。筆者が好きな例は、以前あった某清涼飲料水のNo Reasonというコマーシャルだ。おそらくあの宣伝のメッセージは、何を飲むかについて自販機の前で考える必要はなく、とにかくこれを飲んでいるとかっこいいからこれを飲め、というものだろう。こうしたコマーシャルや広告によって、われわれが何を食べ何を飲むかは、「健康によいかどうか」という基準ではなく「好きか嫌いか」という基準によって決められる傾向が強まるのだ。

「ミルは、欲求が比較的安定しており、外的な影響によって人為的に刺激されることの少ない中年男性の心理を、通常の人間が持っていると考えがちであった」。二十世紀後半に活躍した法哲学者のH・L・A・ハート（一九〇七―一九九二）はこのように述べた。つまり、ミルの合理的な人間像に反して、われわれの多くは欲求が不安定で外的な影響に左右されやすい存在であり、しばしば不合理に行為すると言うのだ。そうだとすれば、ある程度まではパターナリスティックな規制をして、望ましくない選択肢を選べないようにした方が、結果的に人々は合理的に行為できるだろう、というのがハートの考えである。

一方、リバタリアン・パターナリズムでは、人々がより健康的な選択肢を意識的に選ぼうとしなくてもそうできるように環境の方を変更しようとする。たとえば、コンビニのレジの前にはチョコレートの代わりにバナナを置いておくとか、生ビールはジョッキではなくグラスやお猪口《ちょこ》で出すのを普通にするなどだ。ただし、個人の自由を保障するために、不健康な選択肢も選択できるように残しておく。この点がリバタリアン・パターナリズムと通常のパターナリズムの違うところだ。

では、功利主義者が健康行動におけるこうした不合理性を考慮に入れるとどうなるだろうか。「不合理に行為しがちな人間」という人間像を仮定するなら、功利主義はリバタリアン・パターナリズムの考えの多くを、ほとんどそのまま受け入れることができるだろう。ただし、リバタリアン・パターナリズムは、ミルと同様、法によるパターナリズムをよしとしないので、公衆衛生活動は大変やりにくくなるだろう。

一方で功利主義は、ハートの言うようにある程度まではパターナリズムを受け入れることもできるだろう。ただし、ある程度のパターナリズムが望ましいと言っても、チャドウィック流の権威主義的な公衆衛生に戻るのは行き過ぎである。真理はその中間にありそうだ。

近年、英国の公衆衛生の議論において「公衆衛生的介入の階梯」が注目を浴びている。これは公衆衛生的な介入を強制の度合いに応じて七つのレベルに分けるものである（次頁表）。功利主義は、このような知見を積極的に採用し、個人の自由の制限は最小限にしつつ、より効果的な公衆衛生活動を模索することができるだろう。

†喫煙規制のケース

たとえば今日の公衆衛生上の問題の一つに、喫煙がある。たばこによる副流煙が周囲に

選択の排除：完全に選択を排除する形で規制する。たとえば、感染症の患者を完全に隔離するなど。
選択の制限：人々を守るために、彼らが選べる選択肢を制限する形で規制する。たとえば、食べ物から不健康な成分を除外したり、食料品店や飲食店で不健康な食品を売らないようにするなど。
阻害要因を用いた選択の誘導：人々が特定の活動を行なわないよう、金銭その他の阻害要因を用いること。たとえば、たばこ税や、渋滞税や駐車場の制限による市内での自動車の使用の制限など。
誘因を用いた選択の誘導：人々の選択を誘導するために金銭その他の誘因を用いること。たとえば、自転車を通勤手段として使うよう、税金控除を行なうなど。
標準の方針を変えることによる選択の誘導：たとえば、飲食店でフライドポテトを標準的なサイドメニューにして、より健康的なサイドメニューはオプションにする代わりに、より健康的なサイドメニューを標準にしてフライドポテトをオプションにするなど。
選択肢の提供：行動の変容が可能になるよう、個人をエンパワーする。たとえば、NHSの禁煙プログラムへの参加を提示したり、自転車レーンを作ったり、学校で無料でフルーツを提供するなど。
情報の提供：市民に情報提供し、教育する。たとえば、人々がより多く歩いたり、フルーツや野菜を一日５種類食べることを推進するキャンペーンの一部として。
何もしないか、単に現状をモニタリングする。

The Nuffield Council, *Public health: Ethical Issues*, 2007.

表　公衆衛生的介入の階梯

いる人間のさまざまな病気のリスクを高めるという科学的知見が大筋で正しいとしよう。するとこれは他者危害にあたり、公共空間における分煙や全面禁煙などの規制の対象となるだろう。これはミル流の自由主義でも当然の対応となる。

より難しいのは、自宅の一人でいる部屋で行なう喫煙や、全面禁煙ならぬ「全面喫煙」の喫茶店の規制である。たとえば、次の新聞記事を見てほしい。

JR新橋駅烏森口前に4月にオープンした「カフェトバコ　新橋駅前店」(……)が静かな人気を集めている。(……)同店は、「おいしいコーヒーとたばこを楽しむ」をコンセプトにした愛煙家のためのセミ・セルフサービスのカフェ。昨年10月にオープンした有楽町店に続く2店舗目となる。店舗面積は17・7坪で、席数は44席。店内3フロア全席で喫煙が可能。(……)客層は近隣で働くサラリーマン中心だが、女性客や「中継的にふっと入られるお客様も多い」(同店)。「気兼ねなく喫煙できて、すごくいい」など、愛煙家からは喜びの声が寄せられ好評だという。(「新橋に全席喫煙のカフェ―「肩身が狭い」愛煙家の人気集める」「新橋経済新聞」二〇〇九年五月二七日付)

仮に、この喫茶店の店員がみな受動喫煙の害を承知の上で働いていて、客もそれを承知の上で店に入ってくるのであれば、政府はこのような店を規制すべきだろうか。それとも「全面禁煙カフェ」の向こうを張る「全面喫煙カフェ」はあってもよいのだろうか。

ミルならば、それでよいと言うかもしれない。彼ならば、喫煙者が合理的判断に基づいて喫煙しているかどうかだけを問題にするだろう。たとえば、喫煙者が、喫煙の健康被害に関して十分に理解したうえで、自発的に喫煙しているかどうかが問題になる。そのことを保証するために、たばこ会社や政府はたばこの健康被害について、十分な情報を提供すべきだとミルなら言うであろう。また、ニコチン依存症のせいで自発的に喫煙しているとは言えないのであれば、政府が治療を提供するなどの介入を行なうことが許されるとも言うだろう。しかし、仮にこうした事情がクリアできるとすれば、ミルは「全面喫煙カフェ」を許すのではないかと思われる。

だが、上述した人間の不合理性をより重視する立場だと、もう一歩進んだ規制も視野に入ってくるだろう。仮に喫煙者が自発的に行為していると仮定した場合でも、長期的な自己利益を考慮した合理的な意思決定に基づくというよりは無意識に喫煙を選ぶことが多いことが調査研究等によって示されるならば、たばこの自販機やライター、灰皿を目に付きにくいところに置くことで喫煙の誘因を減らすという「ナッジ」的戦略が考えられる。さらに、場合によっては、たばこ税を上げるなどによって、たばこを吸いたい衝動に抗う動機を作り出すことも正当化されると思われる。

ただし、功利主義においては、強制は苦痛を生み出す可能性が高いため、できる限り避けるべきである。したがって、たばこの生産を禁じたり喫煙を違法にしたりするなどの強制は、その十分な長所と短所を考慮したうえでしか正当化されない。むしろ、先の「公衆衛生的介入の階梯」で見たように、より穏健な措置を先に検討することが功利主義的にも望ましいだろう。また、ミルが地方自治を強調していたように、こうした公衆衛生活動自体を、人々の自発的な参加と協力によって運営することも功利主義の立場からは大切だ。みんなの健康は、政府の強制によるのではなく、自分たちで守る方がよりよい結果をもたらすと思われるからだ。

本章で見たように、日本を含む先進国においては公衆衛生が再び注目を集めており、その倫理的・法的な正当化が必要とされている。公衆衛生活動においては、個人の自由と人々の健康という二つの価値の間に緊張関係があり、その解決は容易ではない。同じような問題は、公共政策の他の領域にも生じうる。

筆者は功利主義が極端な自由主義と権威主義の間を行く理論を提供しうると考えているが、この立場の展開は今後の課題と言える。読者に公共政策における功利主義的思考のあり方について理解してもらえれば、本章の目的はひとまず達成されたと言えるだろう。

第6章 幸福について

†低調な「幸福論」

今日の人間は幸福について殆ど考えないようである。試みに近年現われた倫理学書、とりわけ我が国で書かれた倫理の本を開いて見たまえ。只の一個所も幸福の問題を取扱っていない書物を発見することは諸君にとって甚だ容易であろう。かような書物を倫理の本と信じてよいのかどうか、その著者を倫理学者と認めるべきであるのかどうか、私にはわからない。――三木清『人生論ノート』

倫理学は幸福について研究する学問だと思っている人もいるだろう。たしかに幸福を人間の行為の究極目的としたアリストテレス以来、幸福は倫理学あるいは道徳哲学の主題の一つであった。しかし、多くの人をがっかりさせるかもしれないが、今日の倫理学では、幸福論、あるいは「よい人生とは何か」という問いが正面から論じられることはほとんどない。少なくとも筆者は学生時代に幸福について学んだことはなかった。冒頭の三木清の引用は戦前のものだが、このような傾向は、今日一層ひどくなっていると思われる。

これには二つの理由が考えられる。一つは、いわゆるメタ倫理学の流行だ。二十世紀前半の特に英米圏の哲学では言語分析が盛んになった。その波に乗った当時の倫理学者たちは、道徳で用いられる言葉を分析することこそが倫理学の仕事だと考えるようになった。そこで生まれたのがメタ倫理学だ。これはたとえば、「〜は正しい」と言うときの「正しい」の意味は何か、「〜は善い」と言うときの「善い」の意味は何か、などを問題にする倫理学の一分野である。

たしかに、言葉を曖昧に使っていると議論が混乱するため、言語分析は重要な作業ではある。しかしその半面、倫理学者たちは、積極的に社会問題について発言したり、「われわれは実際にどう生きるべきなのか」といった問題に正面から答えたりすることを差し控えるようになってしまった。そのような仕事は、倫理学者の専門外だと考えられるようになったのだ。

このような哲学者の禁欲主義に大きな風穴を開けたのがロールズの一九七一年の著書『正義論』だと言われる。ところが、ここでも幸福論に対しては逆風が吹いていた。一言で言えば、ロールズの『正義論』は「正義に適った社会はどのようなものか」を論じており、「どうしたら人々は幸福になるのか」を論じる本ではなかったのだ。

たしかに『正義論』では、「われわれの社会はどうあるべきか」という規範的な問いが正面から問われていた。またこの本の出版以降、この問いが倫理学や政治哲学でも活発に論じられてきた。ところが、ロールズが支持する自由主義（リベラリズム）は、個人の自由や権利を最大限に尊重する立場であるため、各人の生き方について立ち入って論じられることがなかったのだ。つまり、社会制度の正義や個人の権利については論じるが、個々人の人生観については各人の自由なので踏み込みません、ということだ。

というわけで、一つには二十世紀の英米倫理学における禁欲主義、もう一つにはロールズ以降の自由主義における各人の人生観に関する不介入主義が大きな足枷となって、今日の倫理学では幸福論が語られることが少ないという事態が生じている。これは、「倫理学は幸福について研究している学問だ」と思っている人には驚くべき話かもしれないが、本当にそうなのだ。

このような事情があるため、正直なところ筆者もこれまで幸福についてまじめに考えてきたとは言えない。幸福について話すのは、自分の家族について人前で話すようで、何だか恥ずかしい気さえする。しかし、功利主義は「社会全体の幸福を最大化せよ」と主張する立場であるため、幸福とは何かについて、ある程度はその考えを示す必要がある。そこで本章では、幸福について話をしてみよう。

†「幸福とは何か」という問い

体温を計るために体温計という便利なものがある。それと同じように、幸福を計るための「幸福メーター」があって、額にしばらく当てると当人の幸福度が測定できるのであれば、功利主義者にとっては大助かりである。しかし、残念ながら幸福そのものを直接計る機械はまだない。

もちろん、人々に「あなたは幸福ですか」と尋ねることはできる。これは主観的幸福感を調べるやり方だ。

たとえばＪＧＳＳ－２０００という調査では、二〇〇〇年に日本人男女約三〇〇〇人に幸せの程度を五段階で尋ねた。すると、約六割が「幸せ」「どちらかというと幸せ」と答え、約三割が「幸せとも不幸せともどちらともいえない」と答え、「どちらかというと不幸せ」あるいは「不幸せ」と答えたのは一割以下だったという。

また、二〇〇五年に行なわれた世界価値観調査では、日本人男女約一〇〇〇人に「非常に幸せ」「やや幸せ」「あまり幸せでない」「全く幸せでない」の四択で質問したところ、全体の八七・二%が「非常に幸せ」あるいは「やや幸せ」と答えた。同様の調査をした二五カ国のうち、一位はニュージーランド（九六・四%）、二位はスウェーデン（九五・九%）、最下位はイラク（五二・二%）で、アメリカは五位（九二・八%）、韓国は一二位（八七・四%）、中国は二二位（七六・一%）、日本は一四位だった。

これはこれで参考になるデータだ。しかし、本人に幸福かどうかを尋ねるというのは、幸福メーターとしてはいくつか問題がある。

まず、本人が正直に答えているかどうかがわからない。本当は不幸だと思っていても、選択肢の「不幸せ」の欄に丸を付けるのには勇気がいるだろう。また、幸せだと思っていても、「非常に幸せ」に丸を付けるのはなんだか脳天気で馬鹿みたいだ。そこで、つい「やや幸せ」とか「幸せとも不幸せともどちらともいえない」に丸をつけてしまうかもしれない。幸福であることや不幸であることを大っぴらに言えるかどうかは、国ごとの文化差もあるだろう。

また、仮に調査に協力した人々全員が正直に答えているとしても、より大きな問題がある。これは、本人が心から幸せと思っていても、客観的に見て幸福と言えるとは限らないという問題だ。これは、本人が健康だと思っていても、実はそうではない場合があるのと同様である。このことについては本章で詳しくみるが、本人に幸せかどうかを尋ねることはある程度の参考にはなるものの、幸福メーターとしては必ずしも信頼がおけるものではないのだ。

一方、経済や政治の分野では、長い間、GNP（国民総生産）あるいはGDP（国内総生産）が一国の幸福メーターになると考えられてきた。しかし、先進国では一九六〇年代以降、GDPの増大が国民の幸福の増大につながっていないという指摘がなされてきた。これは幸福のパラドクスと呼ばれるが、何もパラドクスというほどのものではない。衣食住のニーズを満たすためにある程度お金があることは、幸福であるための必要条件だ。しかし、それだけで人が幸福になれるわけではないことは、多くの人が実感しているところだろう。そこで最近、政府が政策の方向性を決める際の参考にするために、より信頼のおける幸福メーターを作ろうという試みがなされている。

たとえば内閣府は「幸福度に関する研究会」を二〇一〇年に発足させた。その研究会が二〇一一年一二月に出した幸福度指標試案はインターネットで読むことができる。それによると、幸福度を計るさいには、人々の主観的幸福感を参考にしつつも、それに加えて、経済社会状況、心身の健康、関係性といった客観的な指標を組み合わせるとしている（表）。

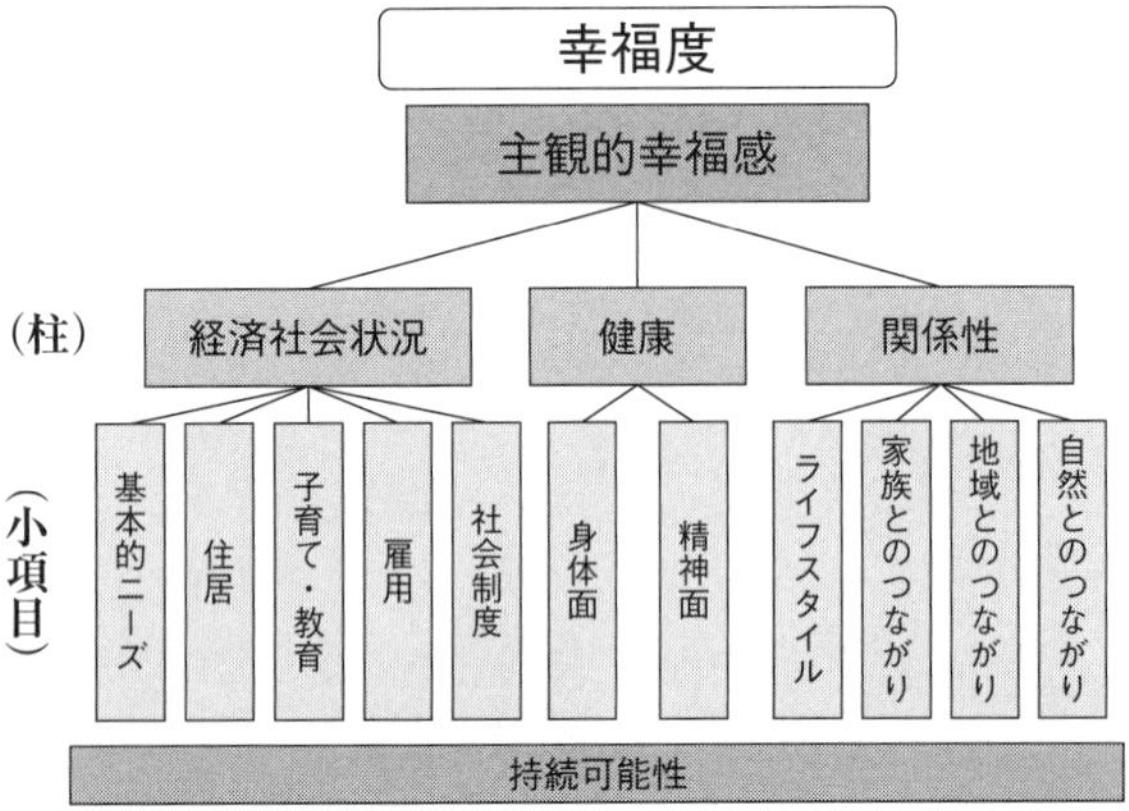

表　幸福度指標試案体系図

複合的な幸福メーターというわけだ。

しかし、ここで問題が生じる。いったい、これらの客観的な指標は、幸福とどのような関係にあるのだろうか。これらが幸福の要素だとすると、これらの指標に共通する性質は一体何なのだろうか。

この問いは少し抽象的でわかりにくいかもしれない。そこで、プラトンの『メノン』という対話篇の中でソクラテスが出した問いを例に挙げて説明してみよう。

ソクラテスがメノンに「徳とは何か」と尋ねた。するとメノンは、男の徳には国政をよく行うことや、味方を守り敵を害するといったものがあり、女性の徳には家庭を守り男性に従うといったものがあると答えた。ソクラテスはこの答えに対して、それは自分が尋ねたかったことではないと言う。徳と呼ばれている事柄にはどのようなものがあるかは自分も知っている。そうではなく、それらの事柄すべてが徳と呼ばれるゆえんであるところの、それらに共通する性質は何なのか、とソクラテスは問い直すのだ。

幸福についても同じ問いが成り立つ。十分な所得や富を持つことや、心身ともに健康であることや、家族や友人を持つことは、幸福に役立ちそうなことは容易に想像がつく。しかし、所得や富、健康、家族や友人といったものが共通して持つ、われわれの幸福に与える影響とは、いったい何なのだろうか。これが「幸福とは何か」という問いによって尋ねたいことなのだ。

†ベンタムやミルの快楽説

この問いに対する一つの答えは、「所得や健康や家族などが幸福に役立つというとき、それらすべてに共通しているのは、われわれに快楽をもたらすということだ」というものだ。これはベンタムやミルの考え方だ。ベンタムは先に見たように、苦痛そのものを善いとする禁欲主義に反対し、快楽そのものはすべて善だと述べた。そして、幸福とは快楽のこと、もしくは苦痛が存在しないことであり、不幸とは苦痛のこと、もしくは快楽が欠如していることだと主張した。

ただし、彼はどの快楽が幸福につながるかということに関しては、基本的に無頓着だった。彼の有名な言葉に「快の量が同じであれば、プッシュピン遊びと詩作は同じぐらいよい」というものがある。プッシュピン遊びというのは当時の子どもの遊びの一種で、日本だとたとえばメンコとかベーゴマを考えるとよい。これらの遊びによって得られる快楽と、詩を作るといったような高尚な趣味によって得られる快楽を比較するとしよう。その場合、両者がその強度や持続性等々において等しいのであれば、どちらがより優れた快楽かは一概には言えない、とベンタムは言うのだ。これは先ほど述べた「自由主義における個人の生き方への不介入」に通じる考え方である。すなわち、どの快楽も善いものだから、各人は他人に苦痛を与えない限りで自由に快楽を追求するのがよい、という自由主義の発想につながっている。

一方、ミルは快楽には質の違いがあると述べた。これは快楽に質の違いを認めなかったベンタムを直接批判したものではなく、功利主義は人々が低級な「ブタの快楽」を追求することを支持しているという批判に応えたものだった。

たしかに、「快楽」という言葉を聞いたとき、われわれは普通、ベンタムが述べていたような記憶や想像がもたらす快苦や、善行や悪行による快苦などは思い浮かべないだろう。むしろ、五感の快楽、とくに食欲や性欲を想起しがちだ。そのイメージのまま、「幸福とは快楽のことである」という功利主義の主張を聞くと、功利主義とは食って飲んで寝ることを幸福とする哲学かと誤解してしまうだろう。そこでミルは、功利主義も立派な人間像を持っていることを示すために、快には質があると主張して、次のように述べたのだ。

満足したブタよりも不満足な人間の方がよい。満足した愚か者よりも不満足なソクラテスの方がよい。

ミルはこのように述べ、精神的な快楽を高級な快、身体的な快楽を低級な快とした。そして、高級な快と低級な快の違いは、両者を経験した人には容易に判定できると考えた。たとえば、「満足したブタ」と「不満足な人間」のどちらがよいか。これは、両方を経験した人ならすぐに分かるはずだ、とミルは言う(もっともわれわれはブタのようにはなれるが、ブタそのものになることはできないので、満足したブタがどんな快楽を得ているかは想像しかできないが)。ただしミルは、もうろくした人などは易きにつきがちで誤った選択をする可能性があると言っている。また、意見が割れる場合には多数決によって決めなければならないとも考えていたようだ。

ここでちょっと脱線すると、ミルは快楽の質の話はしたが、苦痛の質という話はしなかった。しかし、これも気になる話だ。たとえば身体的な苦痛と精神的な苦痛のどちらが「高級な苦痛」なのだろうか。ミルが高級な快楽ということで考えていたのは、詩作や思索など、知性や想像力を用いるさいに得られる精神的な快楽のことだ。これらはたしかに人間にしか味わえない快楽だろう。すると、人間にしか味わえない高級な苦痛というのもあるかもしれない。

たとえば、あなたが拷問されているとして、自分の指と爪の間に太い針を刺されるか、自分の最愛の人が目の前で殺されるかのいずれかを選ばなければならないとしよう。その場合、どちらが「高級な苦痛」で、どちらが「低級な苦痛」と言うべきだろうか。また、高級な苦痛と低級な苦痛のどちらかを選ばなければならないとしたら、そのいずれを避けるべきなのだろうか。さらに、われわれは高級な快楽を味わえる人間になるべきだとミルは考えていたと思われるが、われわれは高級な苦痛を感じられる人間にもなるべきなのだろうか。

話を元に戻そう。快楽には質があり、質の違いは両者を経験した人にはわかるというミルの考えに従えば、海千山千の快楽のプロ、あるいは「快楽のソムリエ」みたいな人たちの意見が一致していれば、より高級な快楽というのがリスト化され、それを追求するのが幸福につながることになるだろう。

だが、ミル自身はこのようなリストを作成することはせず、また快楽のソムリエの一団に人々の生き方を決めさせようともしなかった。実際、わたしがテレビゲームをして楽しんでいると、快楽のソムリエの称号を持っている人たちがやってきて、わたしが全く知らないオペラの方が快楽の質が高いからと、無理矢理劇場に連れて行かれても困るし、おそらく幸福にもならないだろう。すでに見たように、ミルはこのようなパターナリズムを強く批判し、各人は自由に「人生の実験」を行なうべきだと考えた。それを通じて、自分のために、またあとに続く人々のためにも、よりよい生き方を見つけるべきだと考えたからである。そこで彼は、第5章で詳しく見たように、明確に自由主義を支持したのだ。

†快苦の定義は可能か

ベンタムやミルのいわゆる古典的功利主義では、幸福＝快楽、不幸＝苦痛と考えられた。第2章で見たベンタムの『序説』の冒頭にあったように、われわれ人間は快楽を追求し、苦痛を避ける存在だという考え方だ。しかし、これについてはいくつか問題がある。

一つの大きな問題は、快楽とはいったい何なのかがよくわからないということだ。これは、上で見た「幸福とは何か」という問いと同じ問題である。つまり、さまざまな快楽に共通する性質はいったいどのようなものなのか、ということだ。

たとえばベンタムは、人間の行為は究極的には快楽を求めていると考え、すべての人間の行為を快苦に結びつけた。しかし、針で指と爪の間を刺されて痛いとか、マッサージを受けて気持ちいいなどの身体的な快苦は比較的わかりやすいが、精神的な快苦というのはそれと同じレベルのものなのだろうか。たとえば上司に怒られて腹のあたりが痛いというのは身体に現れた苦痛なので同列に語れるかもしれない。だが、次のような例はどうだろうか。

あなたが三度の飯より酒が好きというほどの無類の酒好きだとしよう。しかし、長年の飲酒癖がたたって、体はぼろぼろ、アルコール依存症の一歩手前まで来ているとする。今日も飲んでから真夜中に帰宅すると、寝ずに待っていた妻がこれ以上飲んだら子どもを連れて実家に帰りますと、よよと泣きながら訴える。娘もお父さんお酒はもうやめてとつぶらな瞳に涙を浮かべて言う。あなたは海より深く反省し、酒を断つことを誓う。しかし、次の日の夜になるとまたぞろ酒が飲みたくてたまらなくなる。酒を飲むと一時的にせよ、強烈な快楽が得られることがわかっている。

ここで仮に、今回はあなたの断酒の意志がとても強く、酒を飲む欲求に負けなかったとしよう。その場合でも、あなたは快楽を追求していると言えるだろうか？　むしろ、意志の力によって、快楽を追求することを拒否したと言えるのではないか。ここで、家族の崩壊を防ぐために断酒することで、飲酒による一時の快楽を上回る快楽を追求しているのだと解釈することもできる。しかし、その際の「快楽」とは正確にはどのようなものなのか。飲酒の誘惑に負けないことを選ぶ場合、酒を飲まないことによって得られる「快楽」を追求しているというよりは、幸福のために快楽の追求を断念したと言った方が正確ではないだろうか。

別の言い方をすると、仮に功利主義を支持する科学者たちが、快苦の強度や持続性などを読みとれる「快苦メーター」を作ろうとしているとする。これを体のどこかに埋め込んでおけば、現在、あるいは過去に経験した快苦が計測できるというものだ。その場合、快苦メーターは、電気メーターが電力の使用量を計るのと同様に、何かについて計っていなければならないだろう。

しかし、よく考えてほしいのだが、上で挙げた事例すべてに共通する「何か」は、本当に見つけられるだろうか。マッサージを受けている「快」と、あなたが飲酒の誘惑に耐えているさいに得ている（と考えられる）「快」を測定するための共通の尺度はあるだろうか。もしそのような尺度があるとすれば、「快苦」がきちんと定義されたことになり、「快苦メーター」もうまく機能するだろう。だが、おそらく酒飲みのあなたが酒をがまんしているときに快苦メーターをチェックすると、メーターが振り切れるほどの苦痛を感じているのではないだろうか。そうだとすると、酒を我慢することによる「快」というのは、通常言われる快苦とは異なる次元のもののように思われる。

いずれにせよ、われわれの行為すべてに共通する「快楽」を定義するのは難しく、仮に定義できたとしても、元々出発点にあった定義とは異なるものとなる可能性が高い。別の言い方をすると、「すべての行為は究極的には快楽を追求している」というのはシンプルで魅力的な説だが、その場合に言われる「快楽」は、通常の意味とは異なった、内容空疎なものになっている可能性がある。むしろ普通の言葉遣いでは、われわれは快楽を追求していることもあれば、そうでなくて別のものを追求していることもある、というふうに考えた方がすっきりするように思われる。

苦痛についても同様だ。たとえば、今日の医療では緩和ケアという領域がある。これは、がんの治療などにおいて患者の苦痛を和らげることを主な目的とする医療だ。最近は、単なる身体的苦痛を取り除くだけでなく、不安やいらだちなどの精神的苦痛、経済的事情や家族関係などの問題に由来する社会的苦痛、そして人生の意味や死生観の問題などに由来する霊的な苦痛（スピリチュアル・ペイン）にも取り組むべきだと言われている。これらさまざまな苦痛は総称して「全人的苦痛（トータル・ペイン）」と呼ばれる。今日の緩和ケアは、全人的苦痛の緩和に取り組むべきだと唱えられている。

これは大変重要な取り組みだ。しかし、これらすべてに共通する「苦痛」とはいったい何だろうか。先ほどの上司に怒られて腹が痛くなった例のように、精神的苦痛は、結局は身体的な苦痛に還元されるのだろうか。あるいは、精神的苦痛は、身体的苦痛とは別なものなのだろうか。また、社会的問題や霊的な問題がわれわれに与える苦痛は、われわれの身体に与えられる苦痛なのか、精神に与えられる苦痛なのか、あるいはそれ以外の苦痛なのか。快楽の場合と同様、ここでもやはり「苦痛」の定義が難しい。仮に定義できたとしても、そこでは、通常われわれが考えている「苦痛」とは異なるものになってしまっていて、もはや別の名前を付けた方がよいものになっている可能性が高い。

†機械や薬で幸福になる?

仮に快楽をうまく定義できたとしても、二つ目の問題がある。たとえば、「快楽とは、望ましい意識状態のことである」としよう。だが、われわれは、そのような快楽の追求を本当に幸福だと思っているだろうか。以下ではいくつかの思考実験を通して、この問いについて考えてみよう。

まず、有名な「経験機械」という思考実験がある。ロバート・ノージック(一九三八―二〇〇二)という米国の哲学者が考案した事例だ。これは、脳に電極を差し込むことにより、あなたが望むあらゆる体験をバーチャルに経験できる機械の話だ。この機械による副作用などはなく、使用中も健康状態はモニタリングされ、機械につながれていなかった場合と同じ健康状態が保たれる。そこで、あなたは上で述べたような「快適な意識状態」を好きなだけ楽しむことができる。また、心配性の人のために、数年に一度、現実世界に戻ってくることもできる。さて、このような経験機械にあなたはつながれたいと思うだろうか。あるいは、つながれることが幸福だと思うだろうか。

この話を聞くと、インターネットカフェで数日徹夜してオンラインゲームをしていた若者が心臓発作で死んだ事件を思い出す人もいるかもしれない。あるいは映画『マトリックス』のように、バーチャルの世界にいる間に誰かに本体を攻撃されたりするのではないかと不安を抱くかもしれない。しかし、そういうマイナス面はなく、バーチャルだが一生を楽しく過ごせると仮定したうえでよく考えてみてほしい。最近はバーチャルな恋愛ゲームが流行っているが、何の心配もなく一生その甘酸っぱい世界に浸っていられるという状況を想像するとよい。再度聞くが、あなたは、このような経験機械につながれたいだろうか。

これだけ魅力的（?）に書かれると、現実世界で辛い思いをしている人は、それでオッケーと言うかもしれない。では、次の例はどうだろうか。

オルダス・ハクスリーの『すばらしい新世界』は、科学技術の進んだ未来における究極の管理社会を描いた小説だ。この社会では、人々は不機嫌になると「ソーマ」という薬を飲んで幸福な気分になる。このような社会に疑問を抱き始めた主人公のバーナードと、社会に満足しているレーニナとの間で、次のような会話がなされる印象的な場面がある。

バーナード「君は自由になりたいとは思わないのかね、レーニナ？」

レーニナ「わたし、あなたのいうことが分らないわ。わたし自由よ。とてもすばらしい時を過す自由を持っているわ。今ではすべての人は幸福なのよ」

この話が書かれたのは一九三二年だが、抗うつ薬を「ハッピーピル」として使用することは欧米ではすでに始まっているため、この話はもはや絵空事とは言えない。またラットの快楽中枢を刺激して行動をコントロールするという研究は半世紀以上前から行なわれている。

仮にわれわれが圧制を敷かれた国家に生きており、市民の多くが不幸だとする。そのわれわれに二つの選択肢があるとしよう。一つは、人々を不幸にする政府を大変な労苦を通じて変革し、幸福になることだ。もう一つは、そのような変革を行なわず、政府が支給するソーマあるいはハッピーピルを飲んで幸福になることだ。

おそらく多くの人はハッピーピルを飲むべきではないと言うのではないだろうか。その理由を説明するのは難しいが、大事な点は、自分が望ましい状態にあると感じているだけでは、われわれは自分が幸福だとは思えないというところにあるように思う。ハクスリーが描いた社会で主観的幸福度の調査を行なうと、一〇〇%の人が「非常に幸せ」を選ぶだろう。しかし、われわれはそのような社会に住む人々を幸福とは考えないだろう。なぜならわれわれは、主観的に満足しているだけでなく、客観的にも幸福でありたいからだ。言い換えれば、幸福感を抱いている状態と、本当に幸福な状態は同一であるとは限らないのだ。

もう一つ例を挙げよう。『トゥルーマン・ショー』という秀逸な映画がある。ジム・キャリーが演じる主人公は、いわゆるリアリティTVの出演者として、生まれたときからよくできた撮影セットの中に住んでいる。これはあまりにうまくできた世界のため、主人公は大人になるまで自分が撮影セットの中にいることにまったく気付かず、テレビに出演していることも知らなかった。しかし、いくつかの不可解な出来事をきっかけに、自分が現実の世界ではなく、撮影セットといういつわりの世界に生きていることに気付く。そこで主人公は苦心してその世界から抜けだそうとする。

その映画の最後に、とうとう主人公は撮影セットという世界の「出口」を発見する。その出口の前に立った主人公に、彼にとっての「神」であるディレクターが初めて語りかける。ディレクターは次のように尋ねる。この世界は撮影セットとはいえ、おまえが幸福になるために作られた世界であり、何も恐れることはない。だが、外に出たら、おまえはきっと今よりも不幸になるだろう、それでもおまえは出ていくのか、と。

もう結末は予想できるかもしれないが、映画をまだ見たことのない人のために、主人公がどうしたかは記さないでおこう。しかし、問題は経験機械の話や『すばらしい新世界』の話と同じだ。われわれは精神的な快適ささえ保たれていれば幸せなのか、それともそれ以上の何かがなければ幸せとは言えないのか。

話が長くなったが、二つ目の問題は、われわれは快楽を感じているだけでは必ずしも幸福とは言えないということだ。ミルは「満足した愚か者よりも不満足なソクラテスの方がよい」と言ったが、これに倣《なら》って言えば、「いつわりの世界で幸福感に浸って生きるよりも、真実の世界で不満を感じながら生きていた方がよい」ということになるだろう。

†幸福=欲求の満足か

次に、幸福とは欲求が満たされることだという考え方について考察しよう。上で述べたように、快楽というのは主観的な経験であるため測定が難しい。快苦メーターを作ることは単に技術的に難しいだけでなく、快苦をどうやって定義するのかという理論上の困難もつきまとう。

そこで、客観的に計ることが難しい快苦ではなく、人々が欲し選択するという事実を幸福の基準にしようという発想が出てくる。幸福の要素とされる富や心身の健康や良好な人間関係は、結局のところ、われわれがそれを欲しているからこそわれわれの幸福に影響を及ぼすのではないか、というわけだ。

今日では、経済学の分野を中心に、「選好」や「欲求」という概念が使われているが、これはそうした発想に基づいている。選好とはpreferenceの訳語である。preferという動詞は、日本語の「好き」と「選ぶ」が両方混ざったような言葉で、I prefer wine to beer. と言えば、「わたしはビールよりワインの方がいい」という意味だ。また、「選好が充足される」とは、平たく言えば「望みが叶《かな》う」ということだ。そこで幸福を選好充足によって理解するとすれば、功利主義的に正しい行為とは、人々の選好や欲求を最大限に充足させる行為ということになる。この立場を「選好功利主義」という。

ところが、選好や欲求の充足という考え方にもいくつか問題がある。選好と欲求はこの文脈ではほぼ同じ意味なので、以下では選好充足という言葉を用いよう。まず、選好充足が本当に幸福につながるのかという問題がある。極端な例を挙げて考えてみよう。

アルツハイマー病のケース：あなたの妻が有名な哲学者兼作家だったとしよう。彼女は自分の知性を誇りに思っており、年を取って知性を失うことをひどく恐れていた。そこで彼女は、もし自分がアルツハイマー病になったら、積極的な治療を行なわず、なるべく早く死なせてほしいといつもあなたに言っていた。

時がたち、彼女は実際にアルツハイマー病を発症した。数年で病気は進行し、彼女はもうあなたが誰かもわからなくなり、子ども向けのテレビを見て声を上げて喜んでいる。ある日、彼女は肺炎になった。抗生物質を用いれば簡単に治り、回復すれば彼女は再び知的とは言えないが快適な生活を送れるようになる。だが、かつての彼女はそれを望んでいなかったことを覚えていたあなたは、どうすべきか悩む。彼女のかつての選好を満たすためには治療をすべきではないが、彼女が現に感じている快苦を重視するなら治療をすべきだろう。彼女の幸福のためには、どうすべきだろうか？

また、こういう例もある。

死後のノーベル賞受賞のケース：二〇一一年のニュースで、ノーベル医学生理学賞の受賞が決まったカナダ人研究者が、受賞を楽しみにしていたにもかかわらず、受賞者発表の数日前に病死していたという話があった。彼は死んでいたので受賞による快楽や満足感は得られなかったが、「ノーベル賞がほしい」という選好は満たされたことになる。つまり、死後ではあるものの、彼の願いは見事に叶ったのだ。この場合、彼は幸福になったと言うべきだろうか？

このように、ある人がもつ選好は、その人が知らないところで、また死んだ後でも、充足されることがある。これは、選好というのが定義上、その充足の結果として快楽を感じるかどうかにかかわらず、充足させることができるためだ。

しかし、アルツハイマー病のケースで彼女のかつての選好を満たすことが彼女の幸福になるかどうかは議論の余地があるだろう。また、ノーベル賞のケースで死んだ後に選好が充足された場合、本人が幸せになったと言えるかどうかはさらに疑わしい。そうすると、われわれがもつすべての選好を充足させることが幸福につながるわけではなく、一部の選好を満たすことが重要だということになりそうだ。ところが、この「幸福につながる一部の選好」を定義することは、かなり難しいのだ。

†適応的選好の形成

もう一つ、より現実的で深刻な問題として、「適応的選好の形成」という話題を取り上げよう。

アマルティア・センという経済学者がいる。生まれはインドだが、イギリスで教育を受けているエリートの学者だ。ちなみに彼は幸福なことにノーベル経済学賞を存命中に受賞している。

その彼が挙げている例で、非常に貧困な家庭に生まれてまともな教育も受けずに育ってきたインド人の女性の話がある。そういう女性に「あなたにとって幸福とは何ですか」と尋ねると、おそらく「衣食住が満たされれば幸せだ」と答えるだろう。続けて「女性の参政権や、女性の教育や就労の機会の保障は幸福につながると思いますか」と聞くと、おそらく教育を受けていない彼女は、参政権が何なのかも知らず、教育や仕事がどうして自分の幸福に役立つのかが理解できないだろう。さてこの場合、本人は欲していないからと言って、教育の機会や参政権を与えなくてもよいのだろうか。

また、「女性は男性に尽くすのが当たり前」と教えられている男女不平等の社会を考えてみよう。そのような社会で育ちそれに適応した選好を持つ女性は、男性に尽くすことによって幸福感を得ることになるだろう。ここには上のインド人女性の話と同様の構造がある。男性に都合のよい選好を抱くように育てられてきた女性は、そのような社会に問題を感じておらず、たとえ問題点を説明されても何が問題なのか理解できない可能性がある。そして、男性に尽くしたいという選好が叶い、幸福感を得られているのなら、何も問題ないではないかと言うかもしれない。だがはたして、そのような社会に住み、自らの望みが叶えられた女性は、本当に幸福なのだろうか。

このように、非常に制限された環境や構造的な差別が存在する環境に育ってきた人は、その環境に適応した選好を形成してしまい、幸福になるために通常は必要だと思われる選好を持たなくなる可能性がある。これを適応的選好の形成と言う。選好が充足されたかどうかだけで幸福を計ることが問題なのは、この適応的選好形成があるためである。

適応的選好形成は人間だけでなく、動物にもあるだろう。生まれたときから動物園にいるライオンは、サバンナでシマウマを追いかけることを夢見て不満に思ったりはしない。そんなことは知りもしないから、そもそも欲求のしようがないのだ。しかし、仮に身の回りの世話をしてもらえて、大きなストレスを抱えることなく一生を過ごしたとしても、動物園のライオンは幸福だったと言えるだろうか。

幸福とは選好が充足されることだ、という立場をとるならば、功利主義の目的は、人々の持つ選好を最大限に満たすことだと言い換えられるだろう。その場合、上のインド人女性のような「高望みしない人々」をたくさん作って、彼らの限定された選好を満たせば、功利主義の目的はよく達成されることになる。しかし、それで万事解決されたと思う人は少ないだろう。

もっとも、適応的選好の形成は悪いことばかりではない。仏教の教えに「吾唯知足」(われただ足るを知る=今あるもので満足する)という言葉があるように、叶えられない選好をいつまでも抱いて不満に思っているよりは、その選好を放棄して、現実の環境に適応した選好を持つ方が幸福につながるときもある。

イソップ寓話に出てくる狐は、高いところになっているブドウの房がとれないことを悟ると、あのブドウは酸っぱいに違いないと言って、その場を去ってしまった。これを負け惜しみと見ることもできるが、手に入らないものはさっさとあきらめて別のことに取り組む潔い態度と理解することもできるだろう。幸福になるためには捨ててしかるべき選好もある、というのは一つの洞察であろう。

以上から、幸福とは現に持っている選好を充足させることだという幸福観は単純すぎることを理解してもらえたかと思う。

†愚かな選好を充足すべきか

もう一つ、適応的選好形成と似た問題として、われわれが持つ「愚かな選好」をどう考えるかという問題を挙げておこう。

たとえばわれわれは、交通事故が起きたときの悲惨さをよく知っていれば、後部座席でもシートベルトをきちんと締めるかもしれない。しかし実際には、ついつい面倒くさいと思って締めないですませてしまうこともあるだろう。この場合、(1)現に持っている「面倒くさいからシートベルトを締めない」という選好を充足すべきか、あるいは、(2)「事故が起きた場合に悲惨なことにならないようにシートベルトを締める」という、よく考えたならば持ったはずの選好を充足すべきか、という問題が出てくる。

（1）を選んで現に持っている選好を満たすことは、必ずしも当人の幸福にはつながらないかもしれない。しかし、（2）を選ぶと、確かに当人の幸福にはつながるかもしれないが、実際には抱かれていない選好を満たすことになる。これは、「われわれが現に持つ選好を充足する」という元々の発想とは異なる考え方である。

（2）は、選好充足に一種の合理性の条件を入れる発想と見ることができるだろう。適応的選好形成や愚かな選好によってわれわれは実際には不合理な選択をしがちであるから、実際の選好ではなく、「人々が、一定の教育や情報を受けた場合に持つであろう選好」を充足させることにしよう、というわけだ。合理的であれば、われわれは一定の教育の機会や参政権が保障されることを欲求し、シートベルトを締めることを選好し、アル中になって家族が崩壊するほどは飲まないことを選好するだろうから、それら「合理的な選好」を充足することがわれわれの幸福につながるという考え方だ。

この考え方は魅力的だが、二つ問題がある。一つは、自分が何を幸福と考えているかにかかわらず、「これがあなたの幸福になるんだから」と外部から押しつけるパターナリスティックな理論になる危険があるということだ。いわば、「選好のソムリエ」のような人に人生を決められてしまうことになりかねない。

もう一つは、「あなたが合理的だったら持つであろう選好を充足する」という考えは、われわれが現に持つ選好を充足するという元々の発想からは遠く離れてしまっているため、もはや選好という言葉を使う必要すらないのではないかということだ。この立場では、個人が現に抱く選好のことは考慮せずに、客観的な「幸福になるために必要なことのリスト」を作って、それを充たすというので十分なはずである。

†幸福＝利益を充足させることか

上で見たように、当人が現に抱いている選好を充足することは必ずしも幸福につながるわけではない。そこで、本人の選好よりも本人の利益やニーズを満たすことが幸福につながるという考え方が出てきても不思議ではない。この場合の利益やニーズは、本人の意思とは基本的に関わりなく、客観的に決まるものだとされる。この考え方に則るならば、功利主義者がすべきことは、諸個人の快楽や選好を満たすことではなく、諸個人の利益を最大化することとなる。この立場は、「厚生功利主義」と呼ばれることがある。

この立場の大きな利点は、「効用の個人間比較」の問題を回避できることだ。快楽や選好充足を幸福と考えた場合、「わたしの快楽や選好の強さと、あなたの快楽や選好の強さを、どうやって比較できるのか」という問題が出てくる。

たとえば、わたしとあなたが仲良しの高校生で、夏休みに一緒に何をするかを決めているとする。わたしは大学受験のために勉強するよりも北海道を一周したいと思っているが、あなたは北海道を旅行するよりも大学受験のために勉強したいという。

この場合、わたしが大学受験よりも旅行を選好していることと、あなたが旅行よりも勉強を選好していることは明らかだが、旅行したいというわたしの選好の強さと、勉強したいというあなたの選好の強さを正確に計って比較することはできない。喧嘩して決めることもできるかもしれないが、喧嘩の強さは選好の強さと必ずしも一致しないだろう。同じ問題は快楽についても生じる。さきほど快苦メーターという架空の話をしたが、快苦メーターにせよ選好メーターにせよ、理論的には、わたしのメーターと、あなたのメーターの尺度を共通にするのは、快楽や選好の強さが本質的に個人的な経験であるために、大変難しいのだ。これが「効用の個人間比較の問題」と呼ばれるものである。

一方、本人の利益というのは、本人がそれを現に選好するかどうかに関わらないため、こうした問題は生じない。わたしにとってもあなたにとっても、勉強して大学に入ることが利益であるならば、わたしやあなたが実際に何を選好しているかにかかわらず、勉強することが幸福につながると言える。このように、利益やニーズは、快苦や選好よりも客観的なものであり、人間である限り等しく幸福に役立つものと考えられる。そのため、選好や快苦につきまとう個人間比較の問題が回避できるのだ。

この立場の最大の問題は、人々の利益について真に客観的なリストを作るのが難しいということだ。快適な住居や食事、家族や友人、健康や自由や余暇というのは、おそらく誰にとっても当人の利益となると思われる。しかし、美的な経験はどうだろうか。オペラ鑑賞あるいは名画鑑賞は人々の幸福のために必要だろうか。また、政治参加はどうだろうか。一部の人は政治参加なくして幸福なしと主張するかもしれない。では、やりがいのある仕事はどうだろうか。やりがいのある仕事がなければ、人間は幸福になれないのだろうか。だが、政治参加ややりがいのある仕事までを利益のリストに入れると、合理的な選好の場合と同様、「これがあなたの幸福に必要なのだから」と外部から押しつけるような理論になってしまう危険がある。仮にこのような利益のリストが過不足なく作られ、みながそれに合意することができればよいが、どんなリストを作っても多すぎる、少なすぎると論争になりそうだ。

もっとも、この考え方は政治レベルではかなりうまく行くだろう。人間の幸福につながる利益のリストに比べて、不利益のリストは合意が得やすい。病気や貧困、戦争や飢餓などは、まず間違いなく誰の幸福にとってもマイナスだ。すでに述べた「最小不幸社会」を作るという発想は、幸福へのこうした障害を取り除くことを政府の主要な目標にするということだ。最小不幸社会という考えは、当時は消極的すぎると批判された。だが「宗教的生活こそが人々の利益になる」と考えて最大幸福を主張するような人に比べれば、穏当な主張で皆が支持しやすいだろう。政府の役割は幸福を増やすというよりは不幸を減らすことだというのは潔い立場だ。

このように見てくると、利益や不利益の客観的リストを作るという発想は、ある程度までは魅力的である。とはいえ、やはり幸福論としては次のような問題が残る。この立場は、個人が幸福になるための基盤を提供しているだけで、「幸福とは何か」という根本的な問題には答えていないように見えるのだ。言い換えると、健康や住居や安全など、誰にとっても幸福になるために必要なものがあり、それを過不足なくリスト化して提供しようというのがこの考え方であり、ではいったい幸福とは何なのかという最初の問いには、幸福に役立つ事柄のリストを作成した以上には答えていないことになる。ソクラテスならば、そのリストに挙げられた事柄すべてに共通する性質は何なのか、と問うだろう。したがって、これで話は決着したと考えるならば、結局われわれは堂々めぐりをしただけになる。

†筆者の暫定的な見解

そこで、本章の議論をふまえて、筆者の現在の見解を少し述べておこう。

まず、政治のレベルでは、直前の節で見たように、政府は人々が不幸になる原因を取り除くことを重視すべきだろう。一般に政府は、個々人がどのような幸福観を抱いているのかを正確に知ることはできない。そのため、人々を幸福にするために不幸の原因を取り除く以上のことをするのは難しい。そこで、人々に共通する最大公約数と言える利益のリストないし不利益のリストを作って、幸福になるための基盤を提供することが重要だと筆者は考える。

功利主義はすべての人々の幸福を等しく考慮に入れるが、政府の主要な役割は不幸を減らすことだと考えるなら、社会的弱者と呼ばれる人々、すなわち貧しい人や病気の人などを重点的に助けるような政策を支持することになるだろう。あとはベンタムやミルが考えていたように、諸個人の自由な活動に任せることが、最大多数の最大幸福につながると考えられる。

次に、個人のレベルで考えた場合、通常は自分が現に持っている欲求を満たすことが幸福につながるだろう。自分が持っている欲求がことごとく満たされない人生は、あまり幸福とは言えそうにない。とくに、衣食住のような人間が生きるために不可欠なニーズに対する欲求は、ある程度満たされていなければ幸福になることは難しい。そこで、こうしたニーズに関しては、必要な場合には政府が援助することが幸福にとって重要となるだろう。

ただ、選好充足の話のところで見たように、現に持っている欲求を満たすことが常に幸福につながるとは限らない。これは子どもについてよく当てはまるが、成人にもしばしば当てはまる。われわれは、不適切な環境に置かれているか、不正確あるいは不十分な情報しか持っていないために、本来は持つべきではない欲求を持つことがある。逆に、持ってしかるべき欲求を持っていないこともある。

単に欲求を満たすことが幸福だと思っている人に対して、ソクラテスは、それは底に穴のあいた甕《かめ》にひたすら水を注ぎ続けるようなものだと言った。われわれは水を注ぐ努力、すなわち欲求を満たす努力もすべきだが、時には自分が持っている甕に穴があいていないかもチェックすべきなのだ。

そこでわれわれは、落ち着いて考えられるときに、自分の生き方を見つめて、現に持っている欲求を吟味する必要があるだろう。自分が持っている欲求のセットの中には、事実を直視したならば放棄した方がよい欲求もあるだろうし、また、より重要な欲求を満たす手段として持ってしかるべき欲求もあるだろう。こうした作業を通じて、欲求をふるいにかけ、全体として合理的な欲求のセットを持つことが幸福への近道だと思われる。

†幸福再考のすすめ

最初に述べたように、今日、政府は人々の幸福度をより正確に把握できる指標を作ろうとしている。幸福度を直接政策に反映させようとする動きは他国でも始まっている。最大多数の最大幸福を目指す功利主義としては、今後の発展が大いに望まれるところだ。

だが、本章で見てきたように、幸福とは何かという問いにきちんと答えることは難しい。幸福は単純に快楽とは言えないし、選好充足とも言えない。そして、本人の利益を満たすという考えも、幸福とは何かという問いには答えられていないように見える。どの立場を取るにしても、「快楽を満足させることは本当に幸福か?」「選好を充足させることは本当に幸福か?」「利益を満たすことは本当に幸福か?」という問いが繰り返し起きてしまうのだ。

これも冒頭で述べたように、倫理学はしばらくの間、幸福について正面きって考えてはこなかった。しかし、幸福論に対する人々の欲求が絶えたわけでは決してない。町の本屋や古本屋に行けばわかるように、現在では、哲学・倫理学者以外の人々が書く「自己啓発」や「スピリチュアリティ」といったテーマの本が溢れている。「幸福とは何か」という古くからある問いは、今日でも切実な問いなのだ。

この問いが、たとえば「人々は恋人がいることがどれだけ幸福につながると考えているか」という問いであれば、実際に人々に尋ねて調査すれば、それについてある程度の答えが出せそうだ。だが、「そもそも幸福とは何か」というより根本的な問いについては、本章で見たように、答えを出すのが難しい。

とはいえ、答えがなかなか出ないからといって、問題にしなくてよいわけでもない。現在、自分は恋人がいて幸福だと思っている人も、そうでなくて不幸だと思っている人も、なぜ恋人がいることが幸福と言えるのか考えてみてほしい。そして、それをきっかけに、何があれば（あるいは何が無くても）幸福になれるのか、また幸福とは何なのかについて考えてみてもらいたい。本章の議論を通じて、幸福についての理解がより深まったとしたら、筆者としても望外の幸せだ。

第7章 道徳心理学と功利主義

†なぜわれわれは援助しないのか

『ホテル・ルワンダ』は、内戦の渦中にあるルワンダを描いた映画だ。主人公のポールは、高級ホテルの副支配人であり、ホテルを開放することで一人でも多くの人を虐殺の危険から逃れさせようと苦心している。あるとき彼は、ルワンダの惨状を撮影に来た海外メディアのスタッフの一人に感謝して、次のように言う。「虐殺の現場を撮影してくれたことに感謝しています。世界の人々がこのニュース映像を見るでしょう。これこそ、人々に助けに来てもらうための唯一の方法なのです」。すると、そのスタッフは気の毒そうな顔をして、次のように答える。

「おそらく、人々はこのニュース映像を見て、「おお神よ、なんてひどいことが起きているのだ」と言うだろうね。そしてまた夕ご飯を食べ始めるのさ」

今日の世界には、飢えや病気に苦しむ大勢の人がいて、先進国に住むわれわれの多くは新聞やテレビの報道を通じてそのことを知っている。しかし多くの人はそれを知りつつ、このスタッフが指摘するように、何もしない。しばしば、国内の困っている人に対してさえそうだ。誰かが何とかしてくれると思っているうちに、毎年、救おうと思えば救えたはずの多くの命が失われている。

われわれの多くは、このような状況について良心の痛みを感じることがあるだろう。ところが、実際のところわれわれの多くはほとんど何の援助もしない。それはなぜなのだろうか。最大多数の最大幸福を信条とする功利主義者にとっては、この問いはとても重要だ。一般にこのような、「人間はどのように考え、行動しているか」という問いは、心理学のような実証科学の問いだと言える。そこで、まずこの問いについて、最近の心理学や脳科学の議論を見てみることにしたい。

†特定の人の命と統計上の人命

マザー・テレサは、インドのカルカッタ（現コルカタ）で病人や貧者の世話をするために献身的な活動を続けた人物として知られる。その活動が評価され一九七九年にノーベル平和賞を授与され、一九九七年の死後まもなくしてカトリック教会により列福された。その彼女が、かつて、「群集を目にしても、わたしは決して助けようとしません。それが一人であれば、わたしは助けようとします」と述べたとされる。オレゴン大学心理学教授のポール・スロヴィックは、援助に関する人間心理が彼女の言葉に凝縮されていると考え、「『群集を見てもわたしは決して助けようとしない』――心理的麻痺と虐殺」というタイトルの論文を二〇〇七年に発表した。この論文は、米国のメディアで比較的大きな注目を集めた。

スロヴィックは世界中で貧困や戦争で苦しんでいる人々について、以下の例を挙げている。アフリカのダルフール地方では過去四年間に二〇万人もの市民が殺され、二五〇万人が難民となっている。また、世界銀行の推計によれば、世界中で約一四億の人が、健康や教育など基本的なニーズを満たすことができない絶対的貧困（一日一ドル未満、二〇〇八年に一日一・二五ドルに改訂された）の状態で暮らしている。ところが、先進国に住むわれわれは、このような統計上の数字を目にして少しは心を痛めるかもしれないが、その心痛が何らかの援助行為に結実することはほとんどない。

われわれは決して聖人ではない。だが、目の前に困っている人がいれば可能な範囲で助けようとする。犬や猫などの動物を助けることもある。しかし、援助を必要とする人の数が増え、それが統計的な数になると、われわれはしばしば「心理的麻痺」に陥る。心理的麻痺というのはスロヴィックが作った言葉だ。彼は、われわれが大規模な災害や虐殺に対してほとんど何も感じないのは、人間の心理には何か根本的な欠陥があるからではないか、と考えたのだ。

そこで、スロヴィックは、米国の大学生を対象に次のような研究を行なった。学生たちは三つのグループに分けられ、アフリカで飢餓に苦しむ子どもに対して、五ドル以内でいくら寄付するかを判断するよう求められた。グループ1には、アフリカで飢餓に苦しむ「ロキア」という名の七歳の少女の詳しい説明と写真を見せ、いくら寄付するかを尋ねた。グループ2には、アフリカ諸国で飢餓に苦しむ何百万人もの子どもたちについての統計的事実を示し、いくら寄付するかを尋ねた。グループ3には、グループ1に見せたロキアの説明と写真に加え、グループ2に示したアフリカ諸国で飢餓に苦しむ子どもたちについての統計的事実を添え、いくら寄付するかを尋ねた。つまり、グループ1には特定の個人の人命を救うためにいくら寄付する気があるかを尋ね、グループ2には統計上の人命を救うためにいくら寄付する気があるかを尋ね、グループ3には特定個人の人命と統計上の人命の両方について同じ質問をしたのだ。

すると、以下のように興味深い結果が得られた。ロキアという特定の少女に対する寄付の平均額（グループ1）は、統計的事実のみを見せた場合の寄付（グループ2）よりも多かった。さらに、グループ1の寄付平均額は、ロキアの写真と説明に統計的事実を添えた場合（グループ3）の寄付平均額を上回った（図参照。なお、グループ2とグループ3の寄付平均額の間には統計的な有意差はなかった）。また、援助の目的に対する共感の度合いについても尋ねたところ、統計上の人命が問題になる場合に比べ、特定個人の人命が問題になる場合の方が、人々の共感の度合いが強くなることが示唆《しさ》された。つまり、統計上の不特定多数の人命と、特定の人の命であれば、われわれは特定の人の命を救うことにより大きな共感を覚えるし、場合によってはより大きな援助を行なうかもしれないのだ。スロヴィックは同種の他の研究も引用して、われわれには統計的な人命よりも特定の人の命を助けようとする傾向があると論じている。

このような研究結果は、まったく新しい知見というよりは、昔から人々が実感として感じていたことを裏付けるものかもしれない。「人間一人ひとりの命の重さは同じである」という主張には、ほとんどの人が同意するだろう。だとすると、理性的に考えるなら、災害や虐殺による一人の死が悲劇であれば、一〇〇〇人の死は一〇〇〇倍の悲劇と考えられるはずだ。

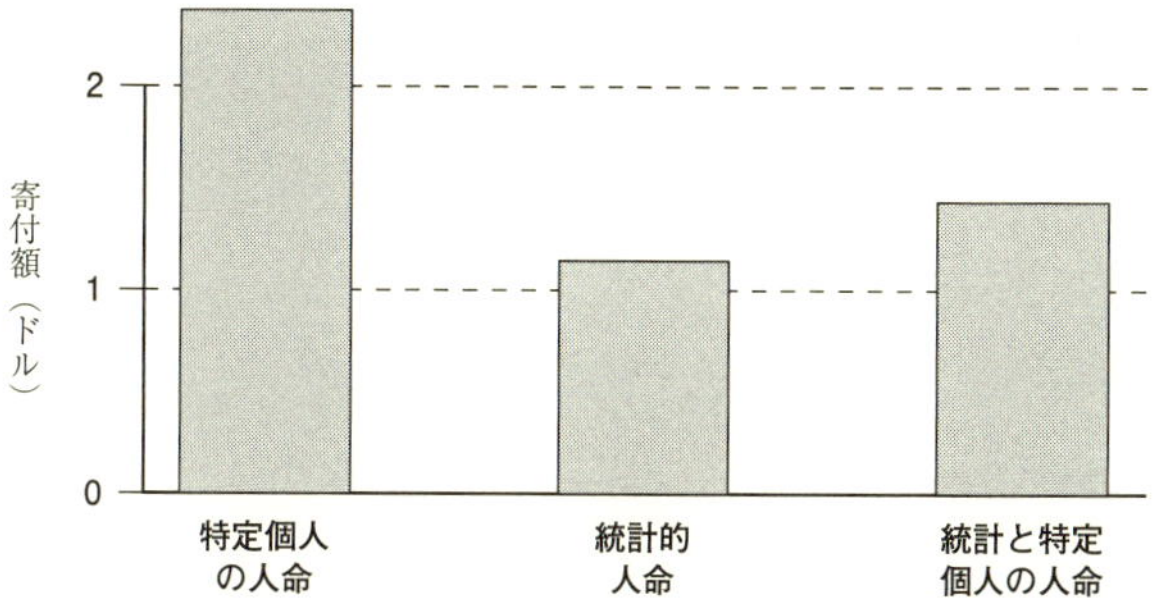

（Slovic 2007 より）

図　平均の寄付額

だが、スロヴィックの研究が示しているように、現実のわれわれは、統計上の不特定多数の人々よりも、特定の人の死に対してより心を動かされる。われわれは日本あるいは他の国で一人の子どもがネグレクトで餓死したという記事を読んで大きく胸を痛める。自分に同じ年頃の子どもがいれば、なおさらだ。

ユニセフの二〇〇八年の世界子供白書によれば、予防可能な病気などの原因で世界中の五歳以下の子どもが毎日二万六〇〇〇人以上死んでいる。「毎年」ではなく「毎日」である。だが、この話を聞いても、われわれは一人の子どもが死んだと聞いた場合の二万六〇〇〇倍どころか、一人の子どもが死んだ場合と同程度にさえ胸を痛めないのではないだろうか。まさにわれわれは、「群集を目にしても、わたしは決して助けようとしません。それが一人であれば、わたしは助けようとします」という言葉通りの振る舞いをしているように思われるのだ。

以上のように、統計上の人命が問題になる大規模な災害や虐殺などでは、われわれの理性的な判断と、われわれの共感に基づく判断の間には、乖離《かいり》が生じる可能性がある。だが、なぜこのような事態が生じてしまうのだろうか。スロヴィックが考えたように、われわれ人間には何か根本的な欠陥があるのだろうか。

†経験的思考と分析的思考

われわれの合理的判断と共感に基づく実際の判断の間に生じるこのような乖離を説明するためにしばしば引き合いに出されるのが、近年、心理学や脳科学の分野で盛んに論じられている、思考には二つのシステムがあるとする理論だ。たとえば、マサチューセッツ大学の心理学名誉教授のエプスタインは、われわれの思考様態を、経験的システムと分析的システムに分け、次の表のように対比的に説明している。なお、経験的システムは直観的思考、分析的システムは合理的思考とも呼ばれるので、以下では適宜そちらの名称も用いることにする。

システム1： 経験的システム	システム2： 分析的システム
情動的：快苦指向	倫理的：理性指向
連想による結合	倫理的評価による結合
過去の経験に伴う感情に動機付けられた行動	出来事の自覚的評価に動機付けられた行動
現実をイメージ、比喩、物語によって記号化	現実を抽象的シンボル、言葉、数字で記号化
より速い処理：直ちに行動するのに向く	より遅い処理：少し時間を置いた行動に向く
正しさは自明：「経験することは信じること」	倫理と証拠による正当化が必要

（Slovic2007より）

表　二つの思考様態：経験的システムと分析的システムの比較

表にあるように、経験的システムの特徴は、情動を基盤にしていることだ。情動とは、最も基本的な感情であり、ある事柄が良いまたは悪いという（必ずしも意識的ではない）感覚のことだ。情動に依拠した判断は、直観的判断と呼ばれ、複雑な状況にすばやくまた効率的に対応するのに適している。情動を基盤にした経験的システムにおいては、連想によって正・負の感情と結合している視覚的イメージ、言葉、匂い、記憶などが重要な役割を果たすとされる。

他方、分析的システムの特徴は、推論を基盤にしており、情報処理に時間がかかり、労力を要し、より自覚的な手順を経ることだ。また、その重要な役割は、経験的システムの思考によって形成された直観的な判断を評価し、修正することだとされる。

こうした二つの思考システムの議論を踏まえて、スロヴィックは先の論文で、「心理的麻痺」が起きる仕組みについて次のように考えた。すなわち、特定の人の命が問題になる事例では、直観的な経験的システムが強く働く――つまりわれわれの共感に訴える力が大きい――が、統計上の人命が問題になる事例では、経験的システムがそれほど強くは働かない――われわれの共感に訴える力が弱い――ため、経験的システムと分析的システムとの間で判断に乖離が生じ、その結果として「心理的麻痺」という現象が起きる、というのがスロヴィックの考えである。

なお、心理学における二つの思考システムの議論を裏付ける形で、近年では脳科学の手法を用いた研究も行なわれている。たとえば、脳の血流量の変化を視覚化するｆＭＲＩ（機能的磁気共鳴画像法）を用いて、意思決定の際に脳のどの部位が活性化しているかを調べる研究が行なわれている。

たとえば、米国のある研究では、感情が直接引き起こされる直観的な思考（経験的システムの思考）においては主に側頭葉内側部の深くに位置する扁桃体が、また、思考や内省を通じて間接的に感情が引き起こされる合理的な思考（分析的システムの思考）においては主に大脳の腹内側前頭葉皮質（ＶＭＰＣ）が活性化されることが示された。このように、二つの思考システムのそれぞれに対応する脳の部位があると考えられている。

ここまでの話をまとめよう。二つの思考システムの理論を用いると、われわれの理性的な判断（一〇〇〇人の死は一人の死の一〇〇〇倍悪い）と共感に基づく実際の判断（少数の特定可能な犠牲者を優先的に助ける）との乖離を上のように説明できる。二つの思考システムについては、心理学者の間でも、まだ多くの議論がある。とはいえ、この理論は、スロヴィックらの研究結果を理解するうえで、一つの有効な概念枠組みを提供していると言える。

†記述理論と規範理論の関係

ここで、このような心理学や脳科学の研究成果と、倫理学との関係を少し考えておこう。近年の心理学や脳科学は目覚ましい進展を遂げ、われわれの人間理解を変えつつあると同時に、倫理学を始め他の学問にも大きな影響を与えつつある。脳科学や心理学は、「人間はこう考え・行動する」という人間の正確な記述を目指している。この意味でこれらの学問は基本的に記述理論ないし実証理論だ。それに対して、倫理学は、「人間はこう考え・行動すべきだ」という当為（当《まさ》に為《な》すべし）を問題にしているため、規範理論と呼ばれる。

脳科学や心理学のような記述理論は、倫理学のような規範理論にとって、大変重要な意義を持っている。なぜなら、規範理論を作る際に、記述理論の知見を取り入れる必要があるからだ。あまりに現実の人間からかけ離れた人間理解に支えられた規範理論は、それだけでは間違っているとは言えないものの、うさんくさい。

実際、倫理学においては昔から人間本性《にんげんほんせい》をどのように理解するかが問題となってきた。人間本性とは、「おまえの本性《ほんしょう》を見たぞ」というときの「本当の性格」という意味ではなく、まさに現在の脳科学や心理学が明らかにしたいと考えている人間の実際のあり方のことだ。アリストテレスは人間をポリス的動物、つまり本質的にポリス（都市国家）で生活する存在だと考えていた。また、ヒュームは人間を利己心と限られた寛大さを併せもつ存在だと理解した。ベンタムはすでに見たとおり、人間は快楽を求め苦痛を避ける存在だと考えていた。そして彼らは、こうした人間本性論を前提として、自分たちの規範理論を作り上げていったと言える。

現在のわれわれにとって問題となるのは、現代の心理学や脳科学といった記述理論の知見に照らして、どういう規範理論を作るべきなのか、ということだ。

倫理的問題に関する記述的な研究と規範理論の関係を考えるうえで興味深いのは、若手の哲学・心理学研究者のグリーンらの研究だ。彼らは、トロリー問題のようなこれまで英米倫理学でよく知られていた思考実験を数多く用いて、人々が倫理的判断を下すさいの脳活動をｆＭＲＩで測定している。第2章ですでに紹介したが、典型的なトロリー問題とは、次のようなものである。

トロリー（路面電車）が暴走している。もしあなたが何もしなければ、線路に縛り付けられた五名の人々はひき殺される。もしあなたがスイッチを切り替えて、トロリーを別の線路に引き入れれば、五人は助かる。ただし、別の線路に縛り付けられている一人がひき殺されることになる。あなたはスイッチを切り替えるべきだろうか。

また、別のバージョンでは、「見知らぬ大きな男性」が登場する。

先と同様、トロリーが暴走している。もしあなたが何もしなければ、線路に縛り付けられた五名の人々はひき殺される。あなたは歩道橋の上におり、たまたまそばには見知らぬ大きな男性がいる。この男性を橋から突き落とせば、男性は死ぬが、その体がブレーキとなって、トロリーは五人の手前で止まって五人は助かる。あなたは男性を突き落とすべきだろうか。

グリーンらは、最初のケースに比べると後のケースは直接手を下す感じが強いことから、最初のケースを「非個人的」なケース、後のケースを「個人的」なケースと呼んだ。そして、fMRIを用いて脳の活動を調べた結果、前者のような、直観よりも認知的な判断で処理できる「非個人的」なケースに比べて、後者のような、直観により訴える「個人的」なケースについて考えるときの方が、感情を司る脳の部位がより活性化することが見出された。

逆に、「個人的」なケースに関して、直観に反すると思われる答え（上の事例では、見知らぬ大きな男性を橋から突き落とす）を出した人は、認知的活動を司る脳の部位が他の人に比べてより活性化していることが見出された。また、われわれの直観に反すると思われる答えを出した人は、直観に合致すると思われる答えを出した人よりも答えるのに時間がかかった。これは、グリーンらの考えによれば、直観に反する答えを出すことに対する心理的抵抗を克服するのに時間を要したためである。

上述の二つの思考システムの理論を踏まえて言えば、グリーンらの研究は、経験的システムの思考が強く働くケースとそうでないケースに分け、それぞれにおける脳の活動を検討したものと解釈できる。特に興味深いのは、情動が強く働くケースにおいて、合理的思考を用いて直観に反する結論を導くためには、かなりの心理的抵抗が生じるという部分であろう。別の論文でグリーンらは、この心理的葛藤を、われわれみなが多かれ少なかれ有している功利主義的な思考と非功利主義的な思考の間で生じる葛藤であると論じている。

このような脳科学の研究は、特定の規範理論を直ちに否定するものではないが、倫理における情動の役割を真剣に考えることをわれわれに要求しているように思われる。

功利主義は道徳的思考における理性の役割を重視し、情動や感情を道徳の基礎とみなすことを拒否する。たとえばベンタムは、彼以前の道徳理論を、好き嫌いの感情で判断する「共感と反感の原理」であると一括《ひとくく》りにして退けた。ベンタムは、道徳においては感情よりも帰結の計算を行なう理性の方が重要だと考えていた。

しかし、グリーンらの研究や、今日の道徳心理学の研究が示唆するのは、道徳的思考における感情の役割はそう簡単には退けられないということだ。こうした脳科学や心理学の研究により、ベンタムが葬り去ったはずの「共感と反感の原理」の亡霊が、再び功利主義の前に立ち現れたと言ってもよいだろう。

第5章で紹介した「津波てんでんこ」についても、同じように分析できる。津波てんでんことは、津波が来たさいには、家族を助けるために家に戻ったりせず、自分のことだけを考えててんでんばらばらに高台に向かって逃げよという教えのことだ。先に指摘したように、あらかじめこのような取り決めを作っておいた方が、より多くの人命が助かる可能性が高いという意味で、津波てんでんこは功利主義的な教えと解釈できる。

だがわれわれは、本当にその状況に置かれたら、心が引き裂かれた気持ちになるに違いない。合理的に考えれば、これが一番多くの人命を救うための最善の方法であるとわかっている。家族がお互いの居場所がわからない状況で、お互いを探しに行って時間を無駄にしたら、共倒れになる可能性があるからだ。これは分析的システムによる思考だ。

しかし、そう頭ではわかっていても、たとえ自分のことを犠牲にしてでも家族を助けるために探しに行きたいと思うのが人情だろう。これは経験的システムに基づく思考だと言える。トロリー問題や津波てんでんこのような道徳的ジレンマにおいては、われわれはこの二つの思考の間で、いいかえれば理性と感情の間で葛藤を起こすのだ。

大雑把に言えば、功利主義は理性を重視する合理主義的な規範理論であるのに対して、今日、心理学や脳科学などの記述理論が新しい人間理解として示しているのは、われわれの行動の多くはわれわれが思うほど理性に基づいてはおらず、往々にして共感その他の情動的な反応に基づいているということだ。その人間理解が正しいとすると、われわれは道徳について考えるさい、理性だけでなく、必ずしも理性と一致しない感情の役割についても検討しなければ、十分な規範理論を作ることができないことになるだろう。

さて、このような新しい人間理解に対して、功利主義はどう応答したらいいのだろうか。

†「直観的思考の強化」戦略

実はこの問題は、J・S・ミルが『功利主義論』で論じている古典的な問題に通じている。それは、功利主義が支持する結論が、直観に反するか、直観的に自明ではない場合に、その結論に従うために必要な動機はどのようなものであるか、という問題である。そこで以下では、ミルやスロヴィックの議論も参考にしながら、先の援助義務に対する動機を生み出す方法について、具体的に三つの戦略を考えてみよう。

第一の戦略は、教育や文化の力によって海外援助に関する直観的思考を強化することだ。ミルは『功利主義論』の中で、次のように述べている。「同胞と一体化したいという欲求は、すでに人間本性の力強い原理であるうえに、幸いなことには、わざわざ教えこまなくても、文明が進むにつれて次第に強くなる傾向をもつものの一つである。人心が改まって行けば、その影響力は絶えず増大し、一人一人の中に、あらゆる人との一体感が生まれよう」。

たしかに共感能力の陶冶《とうや》は倫理における重要な課題であり、実際のところ、ミルの時代に比べても、今日のわれわれの共感は国境や人種の壁を越えて広がっているだろう。しかし、スロヴィックらの研究が示唆しているのは、われわれの共感は、七〇億人を超える人々が住むグローバル化されたこの世界のすみずみに及ぶほど強いものではないということである。また、海外援助の文脈でしばしば「共感疲れ」という言葉が用いられるように、持続的に他人の境遇に共感し続けることも難しいように思われる。したがって、「共感能力を高めよ」という教えは、統計上の人命に対する共感能力の限界という壁に突き当たらざるをえないと思われる。

†「共感能力の特性利用」戦略

第二の戦略は、第一の戦略のように直観的思考の強化を試みるものではなく、その特性を利用するものだ。たとえば、いわゆる「ポスター・チャイルド」と呼ばれるようなイメージ・キャラクターを採用したり、メディアによる生々しい映像に訴えたりすることにより、災害や虐殺に対する人々の関心や共感を呼び起こすことができる。一般に広告会社や小売店の多くは、われわれの理性ではなく情動に働きかける宣伝を普段から行なっている。最近の海外援助NGOのポスターなどでも、名前と簡単な紹介つきで一人の子どもの写真が載せられているものをよく見かけるが、それはこの第二の戦略に則ったものと言える。

第5章でも紹介したリバタリアン・パターナリズムは、この第二の戦略と発想が近い。リバタリアン・パターナリズムも、「しばしば人間は理性ではなく情動に基づいて行動する」という近年の心理学や脳科学が描く人間理解を共有し、人々が持つこの特徴を利用しようとする。すなわち、人々を取り巻く環境を変更することによって、人々が理性を用いて意識的に選択したり誰かに強制されたりしなくても、自然と正しい選択肢を選べるようにしようとする発想だ。セーラーとサンスティーンがこの立場を「ナッジ」と呼び、有名になったことは上で述べた通りだ。

そこでナッジの考え方を用いると、たとえば、寄付税制を改革してNGOへの寄付を容易にしたり、海外援助ボランティアの派遣や受け入れの制度を整えたりすれば、より多くの人が世界中で援助を必要としている人を助ける行動を行なうことが期待できる。

このような第二の戦略により、遠い国での災害や飢饉などに対して、大きな援助がなされる場合もあるだろう。しかし、この戦略にもいくつか問題があるように思われる。まず、われわれの共感能力の特性を利用した戦略を取る場合、人々の生活を想像しにくい遠い国々よりも、想像しやすい自国や近隣諸国の災害の被災者が優先され、本当に援助が必要なところに関心が向かない可能性がある。また、メディアが競って、死に瀕する子どもの姿などの扇情的なイメージを見せる恐れもある。第二の戦略は、問題を考えるきっかけ作りとしては有効だろうが、情報に対して批判的に考える習慣なしには、合理的思考によって支持される援助活動にはつながらない可能性がある。その意味で、メディア・リテラシー教育への目配りも必要であろう。

次に、第二の戦略によって、人々を本当に意図した方向に導くことができるのか、という問題もある。また、仮にそれがうまく行くとしても、理性的説得によってではなく環境の改変や情動に訴える宣伝によって、人を倫理的行為へと誘導しようという発想を、人々がどこまで受け入れることができるかも問題になるだろう。

第二の戦略は、いわば、目をつぶっている人々の手を引いてやることで、望ましいゴールに辿《たど》りつけるようにしてやろうとするものだ。このような発想は、人々を子ども扱いしていると批判されるかもしれない。そのような批判を避けるには、結局、人間の非合理性を考えれば、この戦略が一番合理的であることを人々に説得し、そのような扱いを受けることに同意してもらう必要がある。しかし、そうすると結局のところ、人々の感情だけでなく理性にも訴えなければならないことになるだろう。

先ほどメディア・リテラシー教育の話をしたが、われわれは自分たちの理性の限界を意識した戦略を立てると同時に、そのような戦略が用いられることに対して理解し同意していないといけないというわけだ。これがどの程度うまく行くのかは、今後の実践における検討課題となるだろう。

†「理性的思考の義務付け」戦略

さて、最後に第三の戦略である。上記二つの戦略は、直観的思考を強化あるいは利用することに重点が置かれていた。最後の戦略は、直観的思考よりもあくまで合理的思考を重視し、理性的な判断に従って行為することを自らに義務付けるという戦略だ。ここでは、実際にこのような思考に基づいて援助活動をしていると考えられる例として、ゲイツ夫妻の活動を紹介したい。

ビル・ゲイツは、よく知られているように、マイクロソフト社の初代会長であり、十年あまりにわたって世界一の富豪であった人物だ。彼とその妻メリンダは、ゲイツ財団を作り、エイズのようにメディアに取り上げられやすい病気だけでなく、マラリア、赤痢などの地味であるが毎年多くの人々の命を奪っている予防可能な感染症の対策に力を入れていることで知られている。

ゲイツ夫妻は、寄付先を決めるさい、「どの問題が、最も多くの人々に影響を及ぼしているか」、「過去に無視されてきた問題は何か」という二つの原則に従っているという。この二人はこの原則に厳格に従うことで、たとえば人目につきやすく人々の共感を得やすい米国がん協会のような団体ではなく、マラリアや結核など、費用対効果が最も見込めるところに寄付をしているとされる。

このように、二人は共感に基づく直観的思考を極力排除して、合理的思考で寄付先を決めていると言える。このような徹底した合理的思考が可能なのは、単にゲイツ夫妻が指折りの大富豪であるというだけではなく、小さなころからコンピュータ・プログラミングに打ち込んできたビル・ゲイツが、人一倍数学的思考に長けていることのおかげかもしれない。米国のある評論家が次のように述べている。「われわれは大きな数字を見ると無関心になる。ゲイツは大きな数字を見て、次のような道徳的な計算を行なうのだ。回避可能な死＝悪い。回避可能な死×一〇〇万人＝一〇〇万倍悪い」。ビル・ゲイツがこの通りに考え、また上記の二つの原則を功利原理から導かれる二次的規則として用いているとすると、彼は現代の模範的な功利主義者だと言えよう。

しかし、この戦略にもいくつかの問題がある。まず、道徳における合理的思考を発達させるためにどのような教育を施せばよいのかについて検討する必要がある。また、教育すれば誰もがこのような思考を身に付けられるのかも問題になる。たとえば社会心理学者のハイトは、ほんの一握りの人しかこのような思考はできないのではないかと懐疑的だ。「われわれとしては、どこへでも議論が風のようにぼくたちを運んで行くほうへと、進んで行かなければならない」と述べたソクラテスや、「理性はエスカレーターの如く、われわれを先が見えない上の方まで導いていく。一度そのステップに足を乗せると、どこにたどり着くかわれわれにもわからない」と述べたシンガーなどは、例外的な人間だとハイトなら言うだろう。

それに加えて、直観的思考による判断が不在のところで合理的思考に従う場合、その判断の正しさについてかなり慎重になる必要がある。スロヴィックの研究が示唆するように、直観的思考は必ずしも常に正しいとは限らない。だが、倫理的問題に対してわれわれが抱く感情は、ちゃんと教育を受けていれば、ある程度までは正しい可能性が高いだろう。したがって、直観的思考が合理的思考と一致していれば比較的安心できるが、直観的思考と異なる仕方で行動する場合は、判断を大きく過つ可能性があることを意識しておかなければならないだろう。

とはいえ、世界の飢餓に苦しむ人々を助けるためには、われわれは共感に基づく直観的思考を強化したり利用したりするだけではおそらく十分ではないと筆者は考える。たとえわれわれ一人一人がソクラテスのようにはなれないとしても、倫理について合理的な思考をある程度まで陶冶することも重要になると思われる。

読者の中には、共感が届かないところに援助する必要はないと主張する人がいるかもしれない。また、倫理学では実際にそのような議論も存在する。だが、その主張の正しさを他の人々と議論して確かめるのにも、倫理について合理的に思考できることが必要なのだ。

†倫理学から実践へ

現実の社会には環境問題や生命倫理の問題など多くの解決困難な問題が山積している。本章では、われわれの倫理的思考に関係する心理学や脳科学の最近の研究を紹介し、現在のわれわれの倫理についての思考が、こうした社会問題に対応するのに十分ではないかもしれないことを示唆した。

倫理学を学んで、すぐにわれわれがこうした社会問題を解決できるわけではない。しかし、倫理学を学ぶことは、社会問題を解決するためにわれわれにどのような知識や能力が必要なのかを反省する機会となり、社会問題を批判的に検討する能力を身に付けることにつながるだろう。われわれは倫理について知っているようでいて、あまり知らないのかもしれない。まず、倫理とは何なのか、また、われわれの倫理的思考はどのようなものなのかを考えることも大事なのだ。

「倫理は学べるか」はギリシア時代からある古典的な問題である。本書では、ある意味で倫理は柔道や剣道のような武道と同じで、「学べる」という立場で論じてきた。本章でも、二つの思考システムの話に基づき、合理的思考を中心に倫理的思考を陶冶できる可能性について述べてきた。

しかし、本を読んでわかったつもりになっただけでは畳水練になりかねない。古代ローマの賢帝マルクス・アウレリウスもこう述べている。「善い人間のあり方如何《いかん》について論ずるのはもういい加減で切り上げて善い人間になったらどうだ」。読者諸賢は、「はじめに」で筆者が述べた注意を頭の片隅に入れ、本書で学んだ批判的思考を実践で生かしてほしい。

おわりに

なるほど。J美は図書館で見つけた本書を読み終えて、だいぶ納得した。自分がいくつかの事例について功利主義的に判断したところ、友人から「非倫理的だ」と言われ、仲間外れになってずいぶん傷ついた。だけど、本書を読むと、ゴドウィンのような功利主義者も同じような目にあっていたことがわかって少し安心した。ゴドウィンが最愛の妻を失って改心したように、たしかに家族への愛情は大切だ。また、嘘をつかないといった規則は、功利主義者も原則的に守るべきことがわかった。友人たちに信じてもらえるかどうかわからないが、これからは規則や義務をもっと大事に考えるようにすると伝えよう。

また、公共政策の文脈では、功利主義には分配的正義や個人の自由に対する配慮が欠けていると批判される訳もよくわかった。功利主義者は、無視されがちなマイノリティの幸福を代弁するという姿勢を保ちつつ、正義や自由という価値もできるだけ配慮しないといけないだろう。そのためには、チャドウィックの権威主義的なアプローチよりも、ミルの自由主義的なアプローチの方が望ましいように思う。ただ、人々が自由に行為することが必ずしもその人の幸福につながらない可能性もあるから、個人の自由を十分に尊重しつつも、必要なところで介入するような公共政策が大切だ。「最小不幸社会」という発想も、ちょっと後ろ向きだけど、政治においては重要な考え方であることがわかってよかった。

幸福とは何かについては、正直なところ、読めば読むほどわからなくなった。けど、いろいろ研究が進んでいるようだから、もっとよく勉強することにしよう。最後の理性と感情の関係については、功利主義が理性を重視しすぎているというところが印象に残った。たしかに、友人にも、「J美は理屈ばかりで人情が足りない」というようなことを言われた。だけど、人情がいつも正しい行為に結び付くとは限らない。正しい行為をするためには理屈もきっと大事に違いない。だから、これからは倫理学だけでなく心理学も勉強して、自分や友人を含め、人々がどう考えているのか、そしてどう考えるべきなのかを考えていきたいと思う。

あとがき

「小社新書に、ご執筆のご検討をお願いできませんでしょうか」。いつもはふざけた文体のメールしか寄越してこない編集者の伊藤大五郎氏が、いやに改まった文面のメールを送ってきたのは二〇一一年二月のことだった。氏とは知り合ってからすでに十年近く経っていたが、二〇一〇年末に筆者が出した初の単著を読み、そろそろ機は熟したと判断したのだろう。「功利主義を軸とした倫理学の入門書」を書いてくださいとの依頼だった。

ありがたく仕事をお引き受けしてから約一年で本書を書き上げたことになる。専門書ではないと割り切り、本は持たずにコンピュータだけをカバンに入れ、筆者の勤務先の本郷三丁目近辺の喫茶店で、主に午前中の空いた時間を使って書き進めていった。コーヒー一杯で数時間作業させていただいた二つの喫茶店に感謝する。名前を記すと筆者のような客が増えて回転が悪くなり店が潰れる可能性があるので、名前は挙げないでおこう。

その一年の間に東日本大震災があったり、その約一カ月後に第一子が産まれて毎日保育園に連れていくようになったりで、社会的にも個人的にもいろいろあった年だった。ゆく河の流れは絶えずしてとはよく言ったもので、ここ数年で時代の流れを頓《とみ》に感じるようになった。時代は変わる。本書は筆者の娘も含め、新しい世代の人々に向けて書かれた倫理学の入門書だ。もちろん、旧《ふる》い世代の人、もとい、気持ちは若い世代の人々にも読んでいただけたらと思う。

本書は哲学者の思想や倫理学の基本概念を網羅的に解説したものではない。そのような内容は教科書には相応しいかもしれないが、新書には相応しくない。本書では体系性はあまり重視せず、むしろ倫理学に対する読者の関心を高めることに意を注いだ。現代の倫理学はここに書かれているよりもずっと奥が深いので、本書を読んで倫理学のことをもっと知りたいと思った方は、巻末のブックガイドを参考に勉強していただきたい。

最後に、本書の執筆過程でお世話になった方々に謝辞を記しておく。

前述の伊藤氏には本書の構成を考えるのに協力してもらったほか、筆者が一章書き上げる度にこれでもかと褒めちぎってくれたので、なんとか最後まで書き上げることができた。筒井康隆の言う「縁の下の太鼓持ち」とはこのことである。また、大前景子氏（北海道大学）には、今回も草稿の段階で全体を読んでもらい、詳しくコメントしていただいた。本書が読みやすいとすれば、彼女のおかげである。また、同僚の山本圭一郎氏（東京大学）や先輩の江口聡氏（京都女子大学）には、初校を丁寧に読んでコメントしていただいた。心から感謝する次第である。

本書で出てくる「J美」という名前については、@amenitydryさんに感謝する。筆者の娘が産まれたときにツイッターで名前を募集したところ、彼は、筆者が研究しているジェレミー・ベンタムの名前にちなんで、「ジェレ美」という名前を提案してくれた。あいにく娘の名付け親にはなりそこねたが（娘にとっては幸いだったと思われる）、本書でそのアイディアを使用させていただいた。

最後に、本書の草稿を何度か読んでくれただけでなく、伊藤氏との「打ち合わせ」と称した飲み会に筆者が出かけている間などに娘の世話をしてくれた妻の涼子に深く感謝する。

以上が本書の執筆過程で直接にお世話になった方々である。間接的にお世話になった方々は数知れない。ここで一人一人の名前を書き始めると電話帳のような厚さになってしまうので、謝意を記すだけに留め、筆を擱《お》くことにする。

二〇一二年四月

児玉　聡

ブックガイド

以下では、本書で引用した文献と、筆者がお勧めする文献を簡単に紹介する。なお、引用に際しては、適宜《てきぎ》省略したり訳文を変えたりしていることを断っておく。

【はじめに】

最初の二つの引用は、以下の新聞記事と著作から。

A.C. Grayling, 'The last word on Values,' in *The Guardian* (Saturday review), 21/Jul/2001.

ピーター・シンガー、『私たちはどう生きるべきか』、ちくま学芸文庫、二〇一三年、一五頁、一七頁。

本書を最後まで読んで、これらの引用の意味を理解していただけたなら幸いだ。なお、グレイリングは現在も活躍している英国の哲学者で、翻訳もいくつかある。シンガーは本文でも紹介したが、豪州出身の哲学者で、現在は米国プリンストン大学教授。訳書多数。

ソクラテスについては、プラトンの『ソクラテスの弁明・クリトン』（岩波文庫、一九六四年）、『ゴルギアス』（岩波文庫、一九六七年）、『メノン』（岩波文庫、一九九四年）を読むのを勧める。対話篇なので初心者でも読みやすいが、奥が深いので何度も読む必要があるだろう。ソクラテスは明らかに鬱陶《うっとう》しい老人だ。『ソクラテスの弁明』を読めば、彼が死刑になったのも仕方がない気がする。しかし、「良薬は口に苦し」で、このように執拗《しつよう》に批判してくれる人がいなければ、われわれは良い生き方ができないだろう。人は自分を批判するのは苦手だし、他人に批判されるのも苦手だ。だが、マルクス・アウレリウスが言うように、われわれは他人に批判してもらうことを大事にする必要がある。

> もしある人が私の考えや行動がまちがっているということを証明し納得させてくれることができるならば、私はよろこんでそれらを正そう。なぜなら私は真理を求めるのであって、真理によって損害を受けた人間のあったためしはない。これに反し自己の誤謬と無知の中に留まる者こそ損害を蒙るのである。（マルクス・アウレーリウス、『自省録』、岩波文庫、二〇〇七年、一〇一頁）

ついでにアリストテレスの『ニコマコス倫理学』について述べておくと、この本は初心者には高度すぎて危険なため、不用意に近付いてはいけない。まずアームソンの『アリストテレス倫理学入門』（岩波現代文庫、二〇〇四年）を読むのがよいだろう。アームソンの本を読んでピンとこなければ、とりあえず寝かせておくことを勧める。

ピーター・シンガーの引用は『実践の倫理』（昭和堂、一九九九年）の六八頁より。シンガーは次の引用にあるように、現代のソクラテスと言ってよい。

シンガーは「居心地のよい信念に風穴を開ける」のが好きで、明らかに自分がソクラテス的伝統に立つものと考えている。この伝統によれば、哲学者の役割はその時代の基本となる前提を問い正すことである。シンガーはこの役割に適任である。彼はいちじくの葉を見つければかならずそれをはぎとり、その下に隠れているものを明らかにする。（ピーター・シンガー『人命の脱神聖化』、晃洋書房、二〇〇七年、vi頁）

第4章の末尾で少し紹介した彼の議論の結論は過激に見えるかもしれない。だが、最初に奴隷制廃止を唱えた人や、最初に女性の参政権を唱えた人も、当時は過激な意見の持ち主だったことを忘れてはいけない。結論が現代の常識に合うかどうかで判断するなら、社会のいかなる進歩もありえないだろう。重要なのは、結論に至るまでの推論が正しいかどうかだ。ソクラテスも次のように述べて正しい推論によって導かれた結論に従う重要性を述べている。

われわれとしては、どこへでも議論が風のようにぼくたちを運んで行くほうへと、進んで行

かなければならないのだ。(プラトン、『国家(上)』、岩波文庫、一九七九年、一九九頁、三九四d)

同様に、シンガーを批判するさいには、その結論ではなく、議論の前提や推論について批判する必要がある。過去の人々が多くの偏見や差別意識に囚われていたように、われわれもさまざまな偏見に囚われて生きている可能性が高い。本書を読んで、「我々自身の見解から距離をおいて、我々の持っている信念と価値の内に潜んでいる偏見を感情に囚われることなく捜し出せるようになる」というスキルを身に付けていただきたい。

なお、世の中には倫理学を学ぶためにカント哲学に入門しようとする人が少なからずいるが、アリストテレスと同様、カントは初心者には難しいのでお勧めできない。カント哲学については、こんな逸話がある。カントの生まれ育ったドイツのケーニヒスベルクでは、カントの哲学がある若い大学生を発狂させたと信じる人びとがいたという。また、「イエナでは二人の大学生が決闘を行ったが、それは一方が他方に対して、お前はカントの『純粋理性批判』を理解していないと批判したからであった。彼は続けて、お前はそれを理解できるまでに三〇年勉強する必要があり、それにコメントできるようになるためにはもう三〇年勉強する必要があると主張したのだった」。(Manfred Kuehn, *Kant: A Biography* (Cambridge University Press, 2001, p. 319) より)

ドイツ人でさえこうである。幸いなことに、功利主義を勉強した人が発狂したり決闘したりしたという話はまだ聞かない。また、功利主義を先に学んでおけば、カントの思想について三〇年よりはいくらか短い期間で理解できるようになるだろう。どうしてもカントの倫理学を知りたいという人は、『プロレゴーメナ・人倫の形而上学の基礎づけ』（中公クラシックス、二〇〇五年）所収の「人倫の形而上学の基礎づけ」が読み易いのでそれを読むとよいだろう。とはいえ、この本でさえ、何を言っているのかさっぱりわからない方が当たり前なので、わからなくてもまったく恥じ入る必要はない。

【第1章】

メアリー・ミジリーの引用は以下から。

Mary Midgley, *Wickedness*, London: Routledge Classics, 2001 (1984), p. xii.

倫理的相対主義や宗教と倫理の関係など、本章で述べられていることについてより深く学びたい人は、とりあえず以下の文献を読むとよいだろう。両方とも優れた倫理学の入門書である。

ジェームズ・レイチェルズ、『現実をみつめる道徳哲学――安楽死からフェミニズムまで』、晃洋書房、二〇〇三年、第二章。

サイモン・ブラックバーン、『ビーイング・グッド――倫理学入門』、晃洋書房、二〇〇三年、第一部第二章。

ホッブズの逸話については以下を参照。

ピーター・シンガー、『私たちはどう生きるべきか』、前出、第5章。

この本は名著である。とりわけ自己利益の追求と倫理の関係を考えたい人は一読を勧める。

ミルの「自然論」は以下の訳書に収録されている。引用は二一四—二一五頁より。

J・S・ミル／ヘレン・テイラー、『宗教をめぐる三つのエッセイ』、勁草書房、二〇一一年。

日本でも「自然に従って生きる」という考え方が少なからずあるが、本書を読んで納得しなかった読者は、ミルの文章を読んでそのような考え方にはほとんど意味がないことを悟ることをお勧めする。

ハクスリーの引用は以下から。

ハックスリー、『すばらしい新世界』、講談社文庫、一九七四年、二七二頁。

優生学的な発想が生み出すディストピア（ユートピアの反対の社会）を描いた古典的小説。SFには倫理的な難問を扱ったものが多いので、倫理について視野を広げて考えたい人はSFを読むことをお勧めする。筆者が一冊だけ勧めるとすれば、英国の作家ジョン・ウィンダムの『トリフィド時代（トリフィドの日）』という本を勧めたい。異生物の侵略によって一度社会が崩壊したあとに、どのような社会を構想するかというテーマを有しており、社会のあり方を考えさせられる名著である。

【第2章】

ベンタムの『道徳および立法の諸原理序説』は抄訳であるが以下に収録されている。

『世界の名著38　ベンサム、J・S・ミル』、中央公論社、一九六七年。

本書第2章を読んで関心を持った読者は、一度手に取って読んでみることを勧める。また、ベンタムの思想についてさらに勉強したい人には、以下の二冊を勧める。

J・R・ディンウィディ、『ベンサム』、日本経済評論社、一九九三年。

土屋恵一郎、『怪物ベンサム』、講談社学術文庫、二〇一二年。

一冊目を読めばベンタムの思想の全体像がわかるだろう。二冊目を読めばベンタムが変人であったことがわかるだろう。愛すべき変人であったかどうかは読者の判断に任せたい。

さらに、功利主義についてより深く勉強したい人は、手前味噌だが筆者の以下の著書を勧める。

児玉聡、『功利と直観——英米倫理思想史入門』、勁草書房、二〇一〇年。

この本を読むと、本書の内容のより思想史的な流れを理解できるようになるだろう。研究者になるのでないかぎり、それ以上読む必要はないと思うが、さらに勉強したい人はこの本の参考文献を参照してほしい。

【第3章】

スマートの無人島での約束の例は、以下の文献より。

J.J.C. Smart. Extreme and Restricted Utilitarianism. In Michael D. Bayles (ed.), *Contemporary Utilitarianism* (pp. 99-115), Gloucester: Peter Smith, 1968.

ゴドウィンの話は、主に以下の文献を参考にした。『政治的正義』からの引用も、ここからである。

ピーター・シンガー、『人命の脱神聖化』、晃洋書房、二〇〇七年、第二章。

ゴドウィンが書いたウォルストンクラフトの伝記は、以下である。関心を持った人はぜひ読んでみてほしい。

ウィリアム・ゴドウィン、『メアリ・ウルストンクラーフトの思い出――女性解放思想の先駆者』、未來社、一九七〇年。

【第4章】

カントの「何があっても嘘をついてはならない」という主張は、以下の論文がソースである。

カント「人間愛からの嘘」、坂部恵ほか編『カント全集13』、岩波書店、二〇〇二年。

この論文などは比較的読みやすい方だが、やはり初心者には危険なので近付かない方がよいだろう。むしろ以下の文献を読むことをお勧めする。

加藤尚武、『現代倫理学入門』、講談社学術文庫、一九九七年、第1章。

倫理学の入門書としては今日でも最初に読むべき本と言ってよい。間違って最初に本書を読んでしまった人は、ぜひ手にしてみていただきたい。

ジョン・オースティンの引用は以下より。

John Austin, *The Province of Jurisprudence Determined*, Cambridge University Press, 1995, p. 97.

この本もよい功利主義の入門書となっているが、翻訳はまだない。なお、日常言語学派のJ・L・オースティンは別人であるので注意。

ミルの『自由論』と『功利主義論』は以下に収録されている。

『世界の名著38　ベンサム、J・S・ミル』、前出。

この二つの著作は読み易くかつ倫理を考えるうえで重要な著作であるので、熟読することを勧める。カントだとかベンタムだとかの本を読む必要はないが、この二作はぜひ自分で読んでほしい。なお、ミルの『功利主義論』については以下の文献も参照するとよい。

J・S・ミル、『功利主義論集』、京都大学学術出版会、二〇一〇年。

現代の功利主義について詳しく知りたい方は、拙著『功利と直観』の他に、以下の著作を勧める。

R・M・ヘア、『道徳的に考えること』、勁草書房、一九九四年。

ただし、初心者にはかなり難しい本なので注意が必要である。先にシンガーの『実践の倫理』などを読んでおくとよいだろう。

【第5章】

本章で扱っているのは、政治哲学と呼ばれる研究分野の議論だ。政治哲学は倫理学（道徳哲学）に隣接した学問領域であり、日本では文学部なら倫理学で、政治学科では「政治思想」や「政治理論」で、法学科では「法哲学（法理学）」という講座で研究されていることが多い。近年、サンデルが日本で有名になったこともあり、政治哲学の入門書が増えてきている。関心があれば片っぱしから読めばよいが、定評があるのは以下の著作である。

W・キムリッカ、『新版現代政治理論』、日本経済評論社、二〇〇五年。

ぶ厚くて読むのが大変だが、しっかり勉強したければこの本を読むのがよいだろう。また、以下の文献もこの分野を概観するのに役立つ。

川本隆史、『現代倫理学の冒険』、創文社現代自由学芸叢書、一九九五年。

ジョン・ロールズの『正義論』は最近新しい翻訳が出された。

ジョン・ロールズ、『正義論』、紀伊国屋書店、二〇一〇年。

ただし、カントの場合と同様、この本から読み始めても初心者にはまずわからないので、まずサンデルの以下の著作を読むとよいだろう。

マイケル・サンデル、『これからの「正義」の話をしよう――いまを生き延びるための哲学』、早川書房、二〇一〇年。

加藤尚武の引用については以下より。

加藤尚武、『現代倫理学入門』、前出、六五頁。

記述は以下の通り。「ドンブリ勘定で幸福の総量を決めれば、どんな不公平だって許されることになる」。なお、「どんぶり勘定」を知らない読者のために念のため説明しておくと、どんぶり勘定とは「細かく計算などをしないで、おおまかに金の出し入れをすること」（大辞泉）である。

公衆衛生倫理学についてはまだ体系的な記述をした邦語文献はなく、現在、筆者が同僚らと鋭意執筆中である。また、リバタリアン・パターナリズムについては以下の文献を参照のこと。

リチャード・セイラー、キャス・サンスティーン、『実践　行動経済学：健康、富、幸福への聡明な選択』、日経BP社、二〇〇九年。

行動経済学は人間の不合理性を前提とした経済活動の分析で、近年大きな流行を見せている。行動経済学の知見を健康行動に適用した好著として以下の著作がある。

依田高典、西村周三、後藤励、『行動健康経済学――人はなぜ判断を誤るのか』、日本評論社、二〇〇九年。

また、今日の公衆衛生と政治哲学が密接に関連していることを示す著作として、以下のものがある。

ノーマン・ダニエルズ、ブルース・ケネディ、イチロー・カワチ、『健康格差と正義――公衆衛生に挑むロールズ哲学』、勁草書房、二〇〇八年。

筆者もこの本の翻訳に関わっているため、手前味噌で恐縮だが、本書はロールズの正義論の概要を理解するのにも役立つ、大変おもしろい著作である。筆者がかかわった翻訳を一冊紹介したついでに、もう一冊紹介しておく。

マイケル・ダン、トニー・ホープ、『医療倫理超入門』岩波科学ライブラリー、二〇一〇年。

生命倫理学とか医療倫理学と呼ばれる領域の格好の入門書なので、ぜひ一読することをお勧めする。

チャドウィックの報告書については、以下の翻訳がある。

『大英帝国における労働人口集団の衛生状態に関する報告書』、日本公衆衛生協会、一九九〇年。

公衆衛生に関するミルの記述は、前出『自由論』第5章、『功利主義論集』所収の「ヒューウェルの道徳哲学」から引用した。

ハートの引用は以下より。
H.L.A. Hart, *Law, Liberty and Morality*. Stanford: Stanford University Press, 1963, pp. 30-34.
喫煙の事例について、興味のある方は以下の拙論も参照してもらいたい。

児玉聡、「喫煙の自由とその限界」(宇野重規・井上彰・山崎望編、『実践する政治哲学』、ナカニシヤ出版、二〇一二年、第一章)。


【第6章】

三木清の引用については、以下のとおり。青空文庫でも読める。

三木清、『人生論ノート』、新潮文庫、一九五四年、一五頁。

ＪＧＳＳ－２０００および世界価値観調査については、それぞれ以下を参照。

岩井紀子ほか編、『日本人の姿　ＪＧＳＳにみる意識と行動』、有斐閣選書、二〇〇二年。

電通総研、日本リサーチセンター編、『世界主要国価値観データブック』、同友館、二〇〇八年。

プラトンの『メノン』については、第1章で紹介したとおり。ミルの快楽の質の議論については『功利主義論』を参照。ノージックの議論は以下を参照。

ロバート・ノージック、『アナーキー・国家・ユートピア』、木鐸社、二〇〇二年、第3章。

ハクスリーの引用は以下。

ハックスリー、『すばらしい新世界』、前出、一〇八頁。

ハクスリーのこの本と、オーウェルの『１９８４』および『動物農場』は、倫理学や政治哲学の議論においてよく出てくるので、この分野に関心がある読者は一度読んでおくとよいだろう。

アルツハイマー病の事例については、以下の文献を参考にした。このような場合にどうすべきかについて関心がある人は一読するとよいだろう。

ロナルド・ドゥオーキン、『ライフズ・ドミニオン――中絶と尊厳死そして個人の自由』、信山社出版、一九九八年、第8章。

センの適応的選好形成や効用の個人間比較の話については、前出の川本『現代倫理学の冒険』を参照。

幸福についての本章を読んでかえって幸福についてわからなくなり、不幸になった読者がいたらもうしわけないので、幸福になりそうな本を勧めることにする。

ラッセルは一九二七年に次のように書いている。

倫理についての古代人の考えは、（たとえば）物理科学についての彼らの考えよりも、勉強する価値がある。倫理学はまだ厳密な推論になじむものになっていないため、近代人は「古代人の思想はもう古くて役に立たなくなった」と誇らしげには言えないのだ（Bertrand

Russell, *Outline of Philosophy*, Unwin Paperbacks, 1979, p. 181)。

ラッセルがこのように書いて以降、倫理学は一定の発展を遂げたとはいえ、この主張は大筋において今でも正しい。人生に疲れたときになぐさめや励ましが欲しい人は、現代倫理学の本を手にするよりは、ストア派やエピクロス派の哲学者によって書かれた著作を読む方がよいだろう。たとえば、以下の本がある。

マルクス・アウレーリウス、『自省録』、前出。
エピクロス、『エピクロス——教説と手紙——』、岩波文庫、一九五九年。
エピクテートス、『人生談義』〈上、下〉、岩波文庫、一九五八年。

どれも最初から通読する必要はない。たとえばこんな具合である。

腋臭《わきが》のある人間に君は腹を立てるのか。息のくさい人間に腹を立てるのか。その人間がどうしたらいいというのだ。彼はそういう口を持っているのだ、またそういう腋を持っているのだ。そういうものからそういうものが発散するのは止むをえないことではないか。曰く「しかしその人間は理性を持っている。だからどういう点で自分が人の気にさわるか少し考えればわかる筈だ。」

それは結構。ところで君も理性を持っているね。そんなら君の理性的な態度によって相手の理性的な態度を喚起したらいいだろう。よくわけをわからせてやり、忠告してやりなさい。もし相手が耳を傾けるなら君はその人を癒してやれるだろう、怒る必要なんか少しもないさ。（マルクス・アウレーリウス、八七―八八頁）

議論のさいには、議論で負けた者の方が、新たに何かを学び知るだけ、得るところが多い。（エピクロス、一〇一頁）

毎日同じ主義綱領を語ったり、聴いたり、同時に日常底に用いたりするのでなければ、人は容易にその主義綱領を我物となし得るものでないということを知らねばならない。（エピクテートス、下巻二四〇頁）

パスカルの『パンセ』（中公クラシックス、二〇〇一年）も、疲れたときにパラパラと読むとなぐさめになるだろう。田辺保編の『世界の思想家8　パスカル』（平凡社、一九七六年）は、主題ごとにまとめられていて読みやすい。以下、田辺編のものから二つほど引用しておこう。

こんな情景を想像してみるといい。おおぜいの人たちが鎖につながれている。みな、死刑の宣告をうけた人たちだ。その中の何人かが毎日のようにみなの見ている前で首を切られ、残った者はそういう仲間の身の上がやがて自分の身の上になるのを知って、希望もなく、悲しそうに顔と顔とを見合わせながら自分の順番が来るのを待っている。人間の条件を絵に描いてみればこうなる。(一九七頁)

不具の人が、わたしたちをいら立たせることはないが、不具の精神はいらいらさせるのは、どういうわけだろうか。不具の人は、わたしたちがまっすぐ歩いていることを認めているが、不具の精神は、わたしたちの方が不具だというからである。そんなことでもなければ、わたしたちも可哀そうに思ってやっただろうし、腹を立てることもないであろう。(一六〇頁)

以上の本とは毛色が違うが、ラッセルの『ラッセル幸福論』(岩波文庫、一九九一年)は、前半で不幸の原因を取り除く方法を説明し、後半で幸福になる方法を説く、元気にさせてくれる本だ。また、ロバート・ベラーらの『心の習慣――アメリカ個人主義のゆくえ』(みすず書房、一九九一年)は、米国人の価値観のあり方を分析したものだが、日本人にも当てはまるところが多く、現在の自分の生き方を反省するのに役に立つだろう。最近は幸福についての研究は心理学の方が進んでいて、たとえばジョナサン・ハイトの『しあわせ仮説』(新曜社、二〇一一年)はちょっと長いが非常に面白く読める本だ。

【第7章】

スロヴィックの論文については以下のとおり。

Paul Slovic. "If I look at the mass I will never act": Psychic numbing and genocide. *Judgment and Decision Making*, 2007;2:79-95.

本章で引用した文献について関心のある方は、拙著『功利と直観』の第10章および以下の論文を参照のこと。

児玉聡「百万人の死は、一人の死の何倍悪いか——道徳心理に関する近年の実証研究が功利主義に持つ含意」、『倫理学年報』58、二四七—五九頁（二〇〇九年）。

マルクス・アウレリウスの引用は、上記の『自省録』一九七頁より。最後にもう一つ引用してこのブックガイドを終わることにしよう。同五五頁から。

あたかも一万年も生きるかのように行動するな。不可避のものが君の上にかかっている。生きているうちに、許されている間に、善き人たれ。

ちくま新書
967

功利《こうり》主義《しゅぎ》入門《にゅうもん》
――はじめての倫理《りんり》学《がく》

二〇一二年七月一〇日 第一刷発行
二〇二四年一二月二〇日 第一〇刷発行

著者 児玉 聡（こだま・さとし）
発行者 増田健史
発行所 株式会社 筑摩書房
東京都台東区蔵前二-五-三 郵便番号一一一-八七五五
電話番号〇三-五六八七-二六〇一（代表）
装幀者 間村俊一
印刷・製本 三松堂印刷 株式会社

ISBN978-4-480-06671-8 C0212

ちくま新書

482
哲学マップ
貫成人
難解かつ広大な「哲学」の世界に踏み込むにはどうしても地図が必要だ。各思想のエッセンスと思想間のつながりを押さえて古今東西の思索を鮮やかに一望する。

545
哲学思考トレーニング
伊勢田哲治
哲学って素人には役立たず？　否、そこは使える知のツールの宝庫。屁理屈や権威にだまされず、筋の通った思考を自分の頭で一段ずつ積み上げてゆく技法を完全伝授！

564
よく生きる
岩田靖夫
「よく生きる」という理想は、時代や地域、民族、文化、そして宗教の違いを超えて、人々に迫る。東西の哲学や宗教をめぐり、考え、今日の課題に応答する。

008
ニーチェ入門
竹田青嗣
新たな価値をつかみなおすために、今こそ読まれるべき思想家ニーチェ。現代の我々をも震撼させる哲人の核心に大胆果敢に迫り、明快に説く刺激的な入門書。

922
ミシェル・フーコー
——近代を裏から読む
重田園江
社会の隅々にまで浸透した「権力」の成り立ちを問い、常識的なものの見方に根底から揺さぶりをかけるフーコー。その思想の魅力と強靭さをとらえる革命的入門書！

382
戦争倫理学
加藤尚武
戦争をするのは人間の本能なのか？　絶対反対を唱えれば何とかなるのか？　報復戦争、憲法九条、カントなどを取り上げ重要論点を総整理。戦争抑止への道を探る！

469
公共哲学とは何か
山脇直司
滅私奉公の世に逆戻りすることなく私たちの社会に公共性を取り戻すことは可能か？　個人を活かしながら公共性を開花させる道筋を根源から問う知の実践への招待。